Fatai Olasupo

O Roteiro para a Unidade Árabe-Israelita e, Concomitantemente, a Unidade Mundial

Fatai Olasupo

O Roteiro para a Unidade Árabe-Israelita e, Concomitantemente, a Unidade Mundial

ScienciaScripts

Imprint
Any brand names and product names mentioned in this book are subject to trademark, brand or patent protection and are trademarks or registered trademarks of their respective holders. The use of brand names, product names, common names, trade names, product descriptions etc. even without a particular marking in this work is in no way to be construed to mean that such names may be regarded as unrestricted in respect of trademark and brand protection legislation and could thus be used by anyone.

Cover image: www.ingimage.com

This book is a translation from the original published under ISBN 978-3-659-89729-0.

Publisher:
Sciencia Scripts
is a trademark of
Dodo Books Indian Ocean Ltd. and OmniScriptum S.R.L publishing group

120 High Road, East Finchley, London, N2 9ED, United Kingdom
Str. Armeneasca 28/1, office 1, Chisinau MD-2012, Republic of Moldova, Europe
Managing Directors: Ieva Konstantinova, Victoria Ursu
info@omniscriptum.com

Printed at: see last page
ISBN: 978-620-8-61908-4

ÍNDICE DE CONTEÚDOS

Este livro é dedicado a todas as vítimas das religiões abraâmicas em conflito e, em particular, aos árabes e judeus que anseiam genuinamente pela paz religiosa na região do Médio Oriente.
e judeus que anseiam genuinamente pela paz religiosa na região do Médio Oriente.

CAPÍTULO 1

RESUMO

Para além das descobertas sociais e científicas dos dias de hoje, como as ideologias, por exemplo, o capitalismo, o comunismo e o desenvolvimento de armas de destruição maciça, as relações israelo-árabes, não só como precursoras do cisma mundial, mas sobretudo como o fator subjacente que define as relações mundiais de hoje, são o fator mais potente das divisões globais nas áreas das relações sociais e religiosas. Estas duas raças habitam a região do Médio Oriente, que deu ao mundo as três religiões mais importantes, mas conflituosas: o Islão, o Cristianismo e o Judaísmo. Muito se tem escrito sobre estas religiões em conflito, mas pouca ou nenhuma atenção é dedicada à forma como podem ser unificadas, e é sobre isso que o presente documento pretende debruçar-se. Deve haver democracia dentro e entre as religiões.

INTRODUÇÃO

As três religiões mais difundidas, mas conflituosas, do mundo atual - o Islão, o Cristianismo e o Judaísmo - estão unidas, antes de mais, por serem originárias do Médio Oriente. Também partilham o mesmo pedigree em Abraão, que no Islão se chama Ibrahim. O mais importante é o facto de as três religiões acreditarem na unidade indivisível de Deus. Mas o oposto é o caso da forma de difundir estas fés à humanidade. Enquanto a Jihad é a principal via no Islão, no Judaísmo é a guerra à semelhança de um líder judeu. No cristianismo, porém, é uma combinação de persuasão e milagres. Por conseguinte, em tempos de paz e em tempos difíceis, as três religiões também têm formas diferentes de rezar e de fazer pedidos a Ele (Deus). Um amigo no Facebook, o Professor Idowu Odeyemi, demonstrou este facto de forma adequada e sarcástica. Veja a figura abaixo.

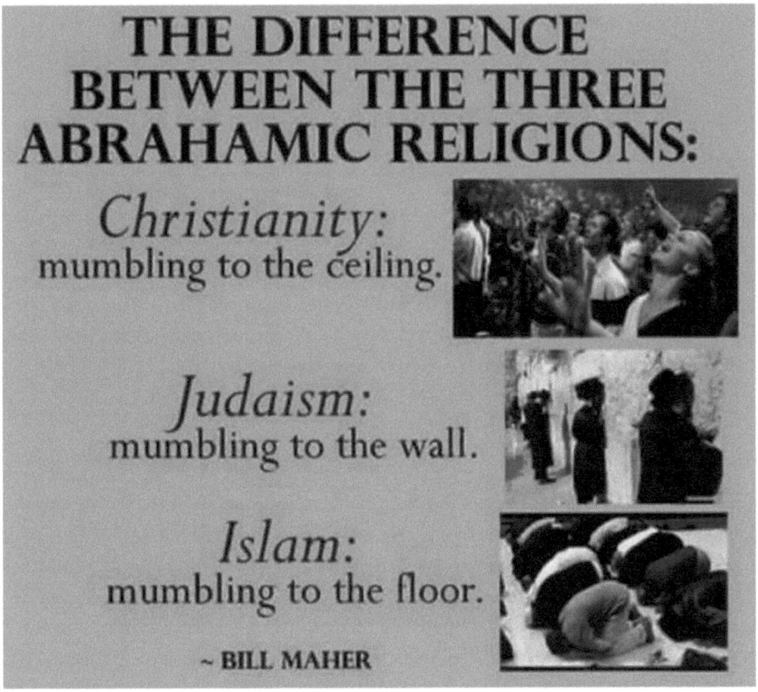

Atualmente, a procura de uma unidade global está a decorrer principalmente sob os ângulos político, religioso e social. Do ponto de vista político, as potências mundiais chegaram a acordo em Munique para suspender a "cessação das hostilidades" na Síria (Mathew Chance, CNN, 2016). Do ponto de vista religioso, recentemente, o Papa Francisco e o chefe da Igreja Ortodoxa Russa, o Patriarca Kirill, realizaram na sexta-feira, 12 de fevereiro de 2016, em Cuba, um encontro com quase um milénio de história (Richard Greene e Joshua Berlinger, CNN, 2016). Socialmente, judeus e árabes começaram a beijar-se em protesto contra a proibição de livros (CNN, 2016). Para além disso, há também o caso do Romeu e Julieta do Afeganistão, desafiando a religião e a cultura por amor (Mick Krever, CNN, 2016). Acima de tudo, o Presidente Barack Obama tornou-se o primeiro Presidente dos EUA a visitar uma mesquita nos EUA (Kevin Litak, CNN White House Producer, 2016).

Os encontros destes dois líderes religiosos cristãos, bem como os encontros entre os EUA e a Rússia, estão bem organizados para serem meras coincidências. Em primeiro lugar, porque é que o encontro entre o Papa Francisco e o Patriarca Krill coincidiu com o encontro entre a Rússia e os EUA, realizado em Munique, na Alemanha; os dois encontros separados tiveram lugar no mesmo dia, sexta-feira, 16 de fevereiro de 2016, embora em locais diferentes? Em segundo lugar, porque é que o encontro dos líderes religiosos cristãos coincidiu com as respectivas visitas a Cuba, de maioria católica, que, como antiga aliada da União Soviética, mantém relações estreitas com a Rússia? O Presidente Obama também visitou recentemente Cuba, depois de, alguns meses antes, ter restabelecido relações diplomáticas com o país. Esta série de perguntas está a ser feita para realçar os esforços subterrâneos das potências mundiais, especialmente da Rússia e dos EUA, para forjar uma unidade global.

Com isso, os líderes políticos e religiosos mundiais deram o tom para as reconciliações políticas, religiosas e sociais a nível mundial. No entanto, há que ter em conta duas vertentes: a reconciliação interna e a reconciliação externa. A intra-reconciliação tem a ver com disputas políticas ou religiosas internas, como as que se verificam na Ucrânia e na Síria; no caso das religiões, as que se verificam entre xiitas e sunitas no Irão e na Arábia Saudita. Exemplos de reconciliações externas (políticas) são a Coreia do Norte e a Coreia do Sul, os árabes-judeus e o Islão-Cristianismo (religião). As reconciliações para a unidade global devem compreender cinco fases que podem ser alcançadas através de "abordagens de cima para baixo ou de baixo para cima" - reconciliações locais, nacionais, internacionais e globais, utilizando os modelos EUA-Rússia, Papa Francisco-Patriarca Kirill, árabe-israelita e árabe-árabe.

A guerra síria, que já dura há cinco anos, começou com as consequências da primavera Árabe que se estendeu à Síria. Os problemas começaram em 2011, na cidade síria de Derra. Os habitantes locais saíram à rua para protestar depois de 15 crianças de uma escola terem sido detidas e - alegadamente torturadas - por terem escrito graffitis contra o governo numa parede. Mas o governo reagiu a este facto abrindo fogo sobre os manifestantes e matando quatro pessoas. Em seguida, os agentes do Estado dispararam contra as pessoas que estavam de luto no funeral das vítimas, matando outra pessoa (secção BBC newsround, 2015). Esta situação levou ao alastramento dos protestos a outras partes do país, com factores externos, como as potências ocidentais e orientais (EUA e Rússia, em particular), o Estado Islâmico na Síria e no Iraque, bem como factores religiosos (por exemplo, xiitas representados pelo Irão e sunitas representados pela Arábia Saudita) a entrarem na luta. Estes factores transformaram-se em bolas de neve com ataques a cristãos no Médio Oriente pelo ISIS; ataques a judeus em França pelo ISIS por ridicularizarem a religião islâmica; ataques a Lee James Rigby por Michael Adebolaji e Michael Adebowale. O Canadá, a Rússia e a China tiveram a sua quota-parte de ataques e, assim, as potências mundiais começaram a aperceber-se do perigo que a questão do ISIS e as religiões representam para o globo; daí a decisão das potências mundiais de encontrar uma solução para a crise na Síria (Olasupo, 2015:46).

Para o efeito, os representantes das potências mundiais reuniram-se em Munique para o que se designou por "cessar-fogo" ou "cessação das hostilidades". O estatuto do acordo ainda não é claro. Para o Secretário de Estado norte-americano, John Kerry, "não é bem um cessar-fogo", mas mais uma "Cessação das hostilidades". Há quem defenda que se trata de um "cessar-fogo". Para a Rússia, no entanto, o acordo mediado em Munique não é uma coisa nem outra. O acordo, segundo a Rússia, diz respeito "apenas aos grupos beligerantes" e "não aos terroristas no território da Síria" (Mathew Chance, CNN). Assim, os grupos terroristas, constituídos pelo ISIS e pela Frente al-Nusra, ligada à Al-Qaeda, não fazem parte do acordo de tréguas (Don Melvin e Jason Hanna, CNN, 2016). Enquanto os EUA e a Rússia procuravam alcançar a unidade política e religiosa em Munique, na Alemanha, dois dos mais poderosos líderes religiosos cristãos mundiais (o Papa Francisco e o Patriarca Kirill) da Europa convergiam também para Cuba.

O presente documento tem por objetivo construir um roteiro para a unidade israelo-árabe e, concomitantemente, para a unidade mundial, uma vez que a maior parte da desunião do mundo atual é sustentada pelo desfasamento israelo-árabe. Para tal, começaremos por nos preocupar com a forma de pôr fim à desunião intra-religiosa entre as três religiões mais poderosas do mundo: o Islão, o Cristianismo e o Judaísmo, antes de passarmos à unidade inter-religiosa, mais uma vez, entre estas três religiões.

CAPÍTULO 2

RECONCILIAÇÕES INTER E INTRA RELIGIOSAS

(a) O Papa Francisco e o Patriarca Kirill Unidade

"Os chefes das Igrejas Católica Romana e Ortodoxa Russa reuniram-se em Havana na primeira conferência deste género desde o Grande Cisma que dividiu a fé cristã há quase mil anos". "Este encontro histórico entre o Papa Francisco e o Patriarca Kirill teve como objetivo ultrapassar as diferenças teológicas que levaram à divisão das actuais Igrejas Ortodoxa Oriental e Católica Romana em 1054" (Nikkei Asian Review, 2016) .

Francisco e Kirill assinaram uma declaração conjunta sublinhando a sua vontade de ultrapassar as diferenças e apelando também aos líderes mundiais para que abordem questões como a perseguição dos cristãos no Iraque e na Síria, onde o grupo militante Estado Islâmico detém território. As duas Igrejas, ao selarem o seu encontro histórico e os seus acordos, afirmaram que as duas Igrejas "podem trabalhar ativamente em conjunto para proteger os cristãos em todo o mundo", enquanto o Papa Francisco disse que continuariam a "falar como irmãos".

O Papa Francisco, à esquerda, abraça o Patriarca ortodoxo russo Kirill depois de assinar uma declaração conjunta O Papa Francisco e o Patriarca Kirill assinaram um compromisso conjunto sobre a unidade religiosa no Aeroporto Internacional José Marti

Porto em Havana.

Apenas um mês depois destas declarações, "um grupo dissidente dos Talibãs paquistaneses reivindicou a responsabilidade por um ataque mortal no Domingo de Páscoa, afirmando que este visava intencionalmente os cristãos".

"A explosão suicida na cidade de Lahore, no leste do Paquistão, matou pelo menos 67 pessoas e mais de 300 ficaram feridas". O mesmo aconteceu no ano passado no mesmo local, quando duas explosões mataram pelo menos 14 pessoas e feriram dezenas de outras. Uma outra explosão que atingiu a zona de Nishtar Colony na cidade de Lahore feriu pelo menos 78 pessoas. "Em 2013, um bombista suicida atacou uma igreja na cidade de Peshawar, no noroeste do país, matando mais de 80 pessoas" (Sophia

Saifi, CNN, 2016).

Para além de tudo isto, existe o perigo de transformar a guerra do Iraque numa guerra entre cristãos e muçulmanos. No entanto, para contrariar esta situação, no Iraque, um grupo de "cristãos formou a sua própria milícia para proteger as pessoas do chamado grupo Estado Islâmico". Há uma estrada sem asfalto que conduz a uma pequena aldeia. Ao longo dos lados desta estrada "há cruzes a cada 100m - mais altas até do que postes de iluminação - que conduzem a uma aldeia chamada "Aldeia Cristã" "Perto de" "Mosul" e referida como sede em Bagdade da Resistência Cristã do Iraque chamada Brigada Babylon. Cerca de 30 destas organizações surgiram nos últimos anos e, entre elas, contam com 100 000 voluntários armados. Foram formadas para bloquear o avanço do chamado grupo Estado Islâmico. São constituídas por uma mistura de muçulmanos xiitas, um punhado de muçulmanos sunitas e cristãos. De acordo com o líder da Brigada Babylon, não lhes restou outra alternativa senão pegar em armas quando os combatentes do EI atacaram os cristãos. A implicação disto é que as actividades de carnificina do ISIS não só uniram duas seitas muçulmanas rivais, mas também, e sobretudo, os cristãos desta "aldeia cristã" (Owen Bennett-Jones, 2016). Não será este um caso estranho e bem-vindo de muçulmanos que oferecem proteção aos cristãos?

Por muito estranho que seja o episódio acima referido, Cuba dá-nos um contrapeso. Os cubanos são católicos, mas é estranho constatar que existe o Islão e uma comunidade muçulmana. "Estima-se que 85% dos cubanos sejam católicos. Mas apenas 0,1% da população - apenas alguns milhares de pessoas - são muçulmanos, de acordo com um estudo de 2009 do Pew Research Center. "Muitos deles eram antes cristãos ou de outra religião, ou alguns deles eram também ateus". As razões para a conversão variam. Enquanto algumas pessoas vêem o Islão como "uma religião um pouco mais pura e verdadeira do que outras", "há quem se converta ao Islão por razões mais pessoais e específicas". Um exemplo é "a forma como o Islão pode ser positivo para aqueles que têm problemas com o álcool, uma vez que o Islão é uma forma de evitar o álcool. O Alcorão proíbe o consumo de intoxicantes e bebidas alcoólicas". No entanto, um dos desafios que enfrentam é encontrar um local de culto num país onde a minoria é tão drástica. As comunidades estão a organizar-se em grupos muito, muito pequenos, e alguém de cada grupo oferece a sua casa à sexta-feira (para rezar) ou algo do género". Em todo o caso, "os muçulmanos cubanos estão constantemente a aprender sobre a sua nova religião e a evoluir em conjunto" (Benazir Wehelie, especial para a CNN, 2016). Estarão os cristãos católicos maioritários a atacar os muçulmanos minoritários da mesma forma que os iemenitas, aproveitando a vantagem da guerra civil no Iémen, atacam os judeus minoritários?

(b) Erdogan e a OCI

Na mesma altura em que o Papa Francisco e o Patriarca Kirill se reuniam em Cuba para discutir a unidade do cristianismo, o Presidente da Turquia, Erdogan, preparava-se para receber a Organização da Corporação Islâmica (OCI) em Istambul. Erdogan apelou à unidade antes da reunião dos Estados Islâmicos: "Todos os povos - independentemente da sua opinião política, nacionalidade, filiação religiosa e antecedentes culturais - estão unidos no desejo de paz e justiça. De facto, a história da humanidade é, de certa forma, também a história da procura da justiça e da paz" (Recep Tayyip Erdogan, 2016). Segundo ele, "por conseguinte, os Estados muçulmanos em África, na Ásia, na Europa e no Médio Oriente atribuíram uma importância particular aos valores da justiça e da paz durante cerca de 1400 anos. Infelizmente, o mundo islâmico sofre atualmente de escassez de justiça e de paz". Identificando o sectarismo como "um fator de fricção entre muçulmanos, aconselhou os Estados muçulmanos a imitarem a Europa, que resolveu o problema do sectarismo já no século [XVII].

Resumindo o seu discurso, Erdogan disse: "A realidade é que o terrorismo já não é uma ameaça apenas para um punhado de nações ou regiões. Evoluiu para um problema global que vitima, em primeiro lugar, as comunidades muçulmanas na Europa, no Sul da Ásia, na África Ocidental e nas Américas (Recep Tayyip Erdogan, 2016).

(c) Irão e Arábia Saudita Unidade

A disputa entre estas duas nações do Médio Oriente tem profundas raízes religiosas, históricas e políticas. Para além de outros factores que provocam uma desunião sem fim entre o Irão e a Arábia Saudita, é o fator religioso que os colocou em lados opostos há mais de mil anos, exatamente como acontece entre a Igreja Católica Romana e a Igreja Ortodoxa Russa. O Irão é muçulmano xiita, enquanto a Arábia Saudita é sunita. O cisma entre o Irão e a Arábia Saudita remonta à morte do Profeta Maomé (SWA), quando os seus seguidores se dividiram sobre quem era o seu herdeiro legítimo. Embora partilhem crenças fundamentais e tenham coexistido durante séculos, diferem em termos de doutrina, ritual, lei, teologia e organização religiosa (BBC News, 2016). Estes dois países islâmicos: Irão e Arábia Saudita tornaram-se assim, no mundo moderno, expoentes dos xiitas e sunitas a nível mundial. Assim, em qualquer questão geopolítica, dividem-se segundo as suas divisões primordiais - sunitas e xiitas -, polarizando também o mundo. O Presidente Obama é mais preciso quando afirma que "a concorrência entre os sauditas e os iranianos conduziu a "guerras por procuração e ao caos" da Síria ao Iraque e ao Iémen" (Ryan Browne, CNN, 2016)

"As seitas sunita e xiita do Islão abrangem um vasto espetro de doutrinas, opiniões e escolas de pensamento. Os ramos estão de acordo em muitos aspectos do Islão, mas existem divergências consideráveis no seio de cada um deles. Ambos os ramos incluem adoradores que vão do secular ao fundamentalista. Os xiitas consideram Ali e os líderes que vieram depois dele como imãs. A maioria acredita numa linhagem de 12 imãs, o último dos quais, um rapaz, terá desaparecido no século IX, no Iraque, depois de o seu pai ter sido assassinado. Os xiitas, conhecidos como Twelvers, antecipam o seu regresso como o Mahdi, ou Messias. Devido aos diferentes caminhos que as duas seitas tomaram, os sunitas enfatizam o poder de Deus no mundo material, por vezes incluindo o domínio público e político, enquanto os xiitas valorizam o martírio e o sacrifício" (John Harney, 2016).

O que podem as potências mundiais, especialmente os EUA e a Rússia, fazer para conseguir a unidade entre estes dois países islâmicos do Médio Oriente, mas doutrinária e ritualmente desligados? A tarefa das potências mundiais para conseguir a unidade entre estas duas nações muçulmanas será certamente hercúlea, mas não intransponível. Os EUA e a Rússia suprimiram cientificamente a influência da religião na política dos seus países e, por conseguinte, têm boas hipóteses de conseguir a paz intra-religiosa entre a Arábia Saudita e o Irão; o Presidente da Turquia, Erdogan, atestou-o acima. A tentativa de Donald Trump de introduzir a religião na campanha de nomeação presidencial para as eleições presidenciais de novembro deste ano desencadeou uma condenação global, sobretudo porque ocorreu "dias depois de um casal muçulmano ter atacado um centro de saúde em San Bernardino, na

Califórnia". Donald Trump, no decurso da sua campanha para a nomeação presidencial republicana, "tinha proposto a proibição da entrada de muçulmanos nos EUA" (BBC, News, 2015). É positivo o facto de "a proposta de Trump ter sido alvo de uma intensa reação negativa nos EUA e em todo o mundo por parte de líderes que a consideraram divisiva".

Para começar, a disputa de supremacia entre o Irão e a Arábia Saudita é desnecessária, uma vez que as evidências gerais estão contra o Irão. Em primeiro lugar, há quatro locais sagrados muçulmanos mais importantes no Médio Oriente, e dois deles - Meca e Medina - estão situados na Arábia Saudita. O terceiro, "Haram Al-Sharif ou o Nobre Santuário dos Muçulmanos", situa-se na Cidade Velha de Jerusalém. Em quarto lugar, está o complexo da Mesquita de Al-Aqsa (Ben Brumfield e Greg Botelho, CNN, 2015). Estes locais: Jerusalém, Arábia Saudita e Palestina são os centros dos fermentos religiosos e não o Irão que está mais afastado deles. Isto não quer dizer que os xiitas não tenham os seus próprios santuários mais sagrados; eles têm. Por exemplo, Karbala, Kufa e Najaf, no Iraque, são santuários venerados pelos xiitas. Importante é também a questão da população sunita e xiita. Mais de 85% dos 1,5 mil milhões de muçulmanos do mundo são sunitas. Vivem em todo o mundo árabe, bem como em países como a Turquia, o Paquistão, a Índia, o Bangladesh, a Malásia e a Indonésia. O Irão, o Iraque e o Barém são maioritariamente xiitas (How Do Sunni and Shia Islam Differ - The New York Times.htm) (John Harney, 2016).

Assim, a Arábia Saudita deveria ser o líder do mundo islâmico, tal como o Vaticano é o chefe da cristandade e Israel a base do judaísmo em todo o mundo. Por estas razões, as potências mundiais deveriam fazer o Irão compreender isto e conceder a liderança do mundo islâmico à Arábia Saudita. Afinal de contas, ambas as nações não estão em desacordo no que diz respeito ao Profeta Maomé (SWA) como o precursor do Islão e o Mensageiro de Alá. A sua diferença básica residia na pessoa certa para suceder ao Profeta Maomé, que é arcaica, e, claro, em procedimentos menores sobre a forma de adorar Alá.

(d) Reconciliação inter-religiosa

As reconciliações inter-religiosas urgentemente necessárias são as do Islão e do Judaísmo, por um lado, e do Islão e do Cristianismo, por outro. Estas são urgentes porque parece que as más relações entre estas três religiões estão a ficar fora de controlo, sobretudo na sede do mundo unipolar - Estados Unidos da América, Europa e Rússia. A situação está a piorar nos EUA, com a religião a ocupar o centro do palco na campanha para as nomeações presidenciais dos candidatos republicanos e democratas para as eleições presidenciais de novembro deste ano. Tudo começou com o candidato presidencial republicano, Donald Trump, a propor a proibição da entrada de muçulmanos nos EUA até que sejam adoptadas medidas antiterroristas mais rigorosas. Noutra ocasião, disse "acho que o Islão nos odeia", lamentando o "ódio tremendo" que, segundo ele, definia em parte a religião (Theodore Schleifer, CNN, 2016). "Quando se pensa que Donald Trump não consegue inventar uma nova forma de assustar as pessoas em relação aos muçulmanos, ele faz uma afirmação de cair o queixo". "No programa da Fox News com Chris Wallace, Trump declarou que 27% dos muçulmanos do mundo são realmente muito militantes e vão atrás de coisas". Para ele, "um em cada quatro muçulmanos é um jihadista violento" (Dean Obeidallah, 2016). A sua candidata rival à nomeação presidencial democrata, Hillary Clinton, respondeu que "o que ele está a dizer agora não só é vergonhoso e errado, como é perigoso". Segundo Hillary Clinton, "o Sr. Trump está a dar a grupos como o chamado Estado Islâmico (EI) "uma grande ferramenta de propaganda" e uma forma de recrutar mais pessoas da Europa e dos Estados Unidos" (BBC News, 2016).

Uma barreira, tão antiga como a república, quebrada recentemente por Bernie Sanders ao tornar-se o primeiro candidato judeu a ganhar uma nomeação presidencial, reacendeu ainda mais a política religiosa nos EUA. Desde o ataque terrorista de 11 de setembro de 2001, a religião tem feito uma incursão significativa na política americana. "Será o Islão uma religião de paz", disse o Presidente George W. Bush no Centro Cultural Islâmico de Washington, seis dias após o 11 de setembro? Ou será, como afirmou o evangelista Franklin Graham, uma "religião muito má e perversa"? No seu primeiro discurso de tomada de posse, o Presidente Obama também perguntou: "Serão os Estados Unidos uma nação multi-religiosa de cristãos e muçulmanos, judeus, hindus e não crentes"? "Ou é uma nação cristã que deve impedir temporariamente a entrada de todos os muçulmanos no país, como propôs o candidato presidencial do Partido Republicano, Donald Trump? "Finalmente, será Obama, como cerca de metade dos republicanos acreditam agora, um muçulmano disfarçado de cristão"?

Bernie Sanders, no decurso da sua campanha para a nomeação, "descreveu-se repetidamente como um judeu secular sem fortes ligações à religião organizada. Mas os activistas políticos judeus, os estudantes de história e os responsáveis pelas sondagens dizem que a fé minoritária do candidato também tem sido ignorada porque a atitude em relação aos judeus na América evoluiu ao ponto de não haver qualquer estigma ligado ao seu passado". Embora não haja um candidato muçulmano claro na atual campanha de nomeação presidencial em curso nos EUA, as "teorias da conspiração" sugerem que o próprio Presidente Obama é muçulmano (Obama é cristão). Uma sondagem da CNN/ORC, em setembro do ano passado (2015), revelou que 29% dos americanos diziam acreditar que Obama era muçulmano, incluindo 43% dos republicanos. Em resposta a este facto, o Presidente Obama disse que os mesmos rumores tinham atormentado Thomas Jefferson". "Não sou o primeiro", afirmou. "Estou em boa companhia" (Kevin Liptak, produtor da CNN para a Casa Branca, 2016). Ver figura abaixo. A atual campanha para a nomeação presidencial tem também dois participantes cristãos - Donald Trump e Hillary Clinton (uma metodista). Perante este cenário, um comentador observou recentemente que "parecia que a instituição religiosa informal da nação (Estados Unidos), que anteriormente se tinha transformado de protestante em cristã e em judaico-cristã, estava prestes a tornar-se "abraâmica", abrangendo o judaísmo, o cristianismo e o islamismo como três ramos de uma fé comum" (Gregory Krieg, CNN, 2016; CNN, 2016).

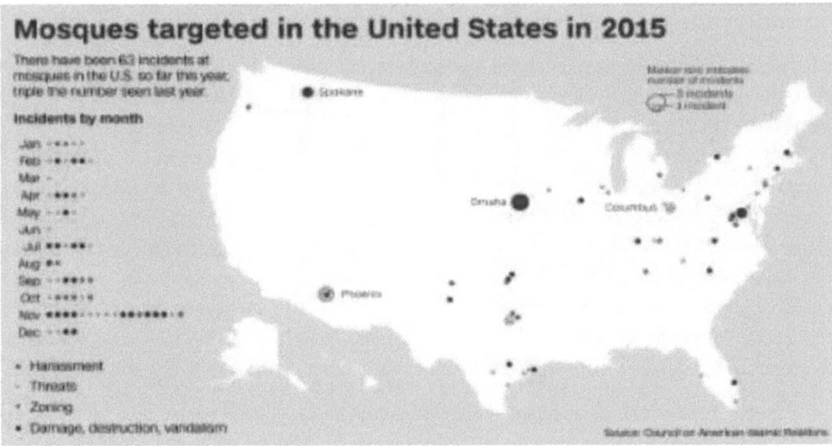

Fonte:CNN. Até à data, registaram-se 63 incidentes em mesquitas nos EUA este ano, o triplo do número registado no ano passado

Por acaso, enquanto isto se passa nos EUA, a sede do mundo unipolar, as potências mundiais rivais, Rússia e China, também estão a ter os seus próprios problemas. Na Rússia, um dos seus cidadãos, Viktor Krasnov, escreveu na Internet que "Deus não existe" durante uma troca de impressões na Internet. Foi denunciado à polícia por dois jovens que se opuseram à sua linguagem na disputa. Foi acusado em Stavropol por ter "insultado os sentimentos dos fiéis". Tais "insultos" foram proibidos em 2013, após o caso Pussy Riot , em que duas artistas punk foram presas". Além disso, noutro site de relacionamento do tipo Facebook, popular entre os russos, Krasnov, mais uma vez, também desqualificou a Bíblia como uma "coleção de contos de fadas judaicos". Este facto foi também considerado como um "insulto aos fiéis" (BBC News, 2016)

Na China, "as forças de segurança chinesas iniciaram uma detenção em massa de activistas de igrejas que se opõem a uma campanha do partido comunista para remover as cruzes das igrejas em todo o país". "Segundo o Guardian UK, um líder de uma igreja na província oriental de Zhejiang disse na quinta-feira, 27 de agosto, à tarde, que pelo menos nove pessoas conhecidas foram detidas pela polícia e que o número continua a aumentar. Os líderes disseram que pensam que se trata de uma campanha que visa os líderes da igreja em toda a província e acrescentaram que só pode ser uma ação coordenada iniciada pelo governo provincial. Entretanto, tem havido confrontos entre o partido comunista e a Igreja em Zhejiang desde finais de 2013, quando as autoridades iniciaram uma campanha de demolição que, segundo eles, visava edifícios ilegais" (Foreign News, 2016).

(e) Amores raciais e religiosos sem fronteiras

Cansados da má liderança religiosa, os jovens muçulmanos comuns já estão a quebrar a barreira da divisão religiosa e cultural sunita-xiita, propondo-se ser amantes e depois casais, apesar de saberem que o seu amor é "proibido" e que o preço a pagar é o "crime de honra". Um bom exemplo é o caso de Zakia e Ali, no Afeganistão. Zakia é sunita e de etnia tajique, enquanto Ali é xiita e de etnia hazara - os Montéquios e os Capuletos (Mick Krever, CNN, 2016). O que torna esta rebelião interessante é o facto de Zakia e Ali serem ambos analfabetos que não poderiam ter lido ou ouvido nada sobre Romeu e Julieta e, no entanto, comportam-se como tal. Veja a imagem abaixo.

Fonte: Mick Krever, CNN. Ali e a noiva Zakia aparecem na região de Hindu Kush, no Afeganistão, em abril de 2014. O jornalista Rod Nordland diz que a sua imagem é icónica para alguns afegãos.

Outro acontecimento num campo de refugiados na Grécia: um casal sírio casa-se numa cerimónia nocturna. Saher, 27 anos, e Ruqaiya, 20 anos, cujos apelidos não foram divulgados para sua segurança, fugiram da sua antiga vida na Síria há três meses e meio, na esperança de chegarem à Alemanha, onde têm familiares e amigos (Christina Zdanowicz, CNN, 2016)

Recentemente, no Paquistão, foi cometido um "crime de honra" contra uma rapariga de 15 anos chamada Ambreen. O seu alegado crime foi ter ajudado uma vizinha, Saima, e o seu namorado a fugir no dia 22 de abril. "Por esse motivo, foi arrastada de casa, injectada com sedativos, estrangulada, amarrada numa carrinha e depois queimada. A morte da rapariga foi ordenada por um conselho tribal de 15 membros, ou Jirga, que se reuniu para investigar a fuga. O pai de Ambreen, Sardar Riasat, contestou essa versão e disse que a sua família não foi cúmplice do assassínio. Segundo ele, "a minha filha estava inocente; tinha abandonado a escola depois do oitavo ano, tinha apenas 15 anos. A minha mulher também está inocente. Que barbaridade é esta? Como é que eles puderam fazer isto à minha filha inocente? A polícia disse que o casal que fugiu foi localizado e está num local seguro.

A polícia escolta um conselho tribal de 15 membros, ou Jirga, que vendou os olhos dos suspeitos acusados do assassínio do adolescente até ao tribunal em Abbottabad

Uma vítima de crime de honra

Há uma outra história interessante de Sabha, de 18 anos, que sobreviveu milagrosamente depois de ter sido baleada, amarrada numa maca e atirada ao rio pelo tio e pelo pai por causa de um casamento não autorizado que, segundo eles, envergonhava a família. Por conseguinte, para Obaid-Chinoy, "o crime de honra é um assassínio premeditado, a sangue frio, mas a justificação dada pelos homens quando matam uma mulher é que ela fez algo sem autorização, ou que está fora do que a sociedade considera correto para uma mulher (Sophia Saifi, Zahir Shah e Chandrika Narayan, CNN, 2016).

Todas as sociedades, especialmente nos países do terceiro mundo, têm a sua própria norma social pobre. O estado de Akwa-Ibom, na Nigéria, um estado predominantemente cristão, é conhecido pelas "crianças bruxas". Por exemplo, "um rapaz de dois anos que foi abandonado para morrer pela sua família em Uyo Akwabom, ostensivamente por ser uma bruxa! Foi resgatado enquanto procurava comida, em janeiro passado, por Anja Ringgren Loven, uma dinamarquesa que o encontrou emaciado e cheio de vermes" (Reporter, 2016). Loven, fundadora da African children's Aid Education and Development Foundation, deu-lhe o nome de Hope e levou-o ao hospital para receber tratamento. E com isso começou a sua viagem para uma recuperação espantosa. Quando uma fotografia da criança faminta chegou à Internet, partiu corações em todo o mundo e provocou uma doação maciça de dinheiro para o seu tratamento.

Neste estado de Akwa Ibom, na Nigéria, e em alguns outros estados, incluindo zonas de língua iorubá, "milhares de crianças estão a ser acusadas de serem bruxas e ambos vimos torturas de crianças, crianças mortas e assustadas", diz Loven (Reporter, 2016). O que é claramente um problema dos pais e da sua pobreza está a ser imputado a crianças inocentes que são demasiado jovens para saber, falar e defender-se por si próprias. Veja abaixo a imagem de Hope na altura e agora.

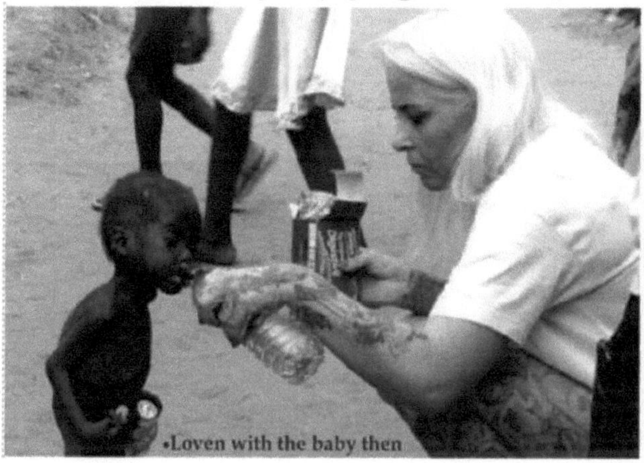

•Loven with the baby then

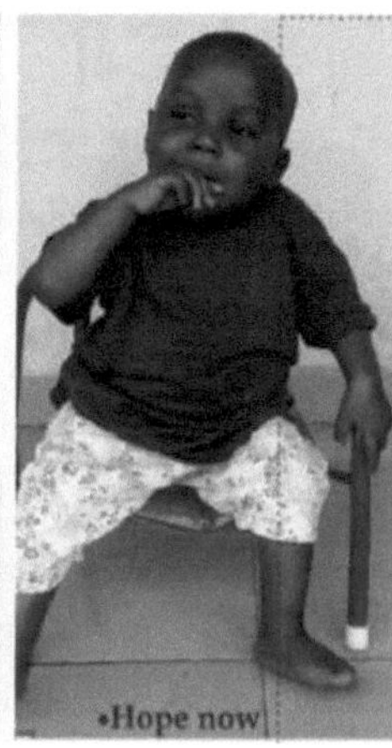

•Hope now

Comparando isto com o "crime de honra", um é definido pela religião e o outro pela pobreza. A "bruxaria infantil" parece ser melhor do que a "morte por honra" porque há esperança nela, o que não existe na "morte por honra". No caso de Hope, como mostra a fotografia acima, há esperança, mas no caso dos "crimes de honra" a esperança perde-se completamente. Se a laureada com o Prémio Nobel Malala Yousazai e Sadiq Khan tivessem sido mortos como os líderes tribais no Paquistão queriam fazer, especialmente no caso de Malala, ela não se teria tornado laureada com o Prémio Nobel e Khan não se teria tornado presidente da Câmara de Londres.

Seria injusto desvalorizar os esforços do Governo paquistanês relativamente a este crime hediondo, mas não são suficientes. Os detidos serão julgados num tribunal antiterrorista, declarou o Governo paquistanês. O Primeiro-Ministro paquistanês, Nawaz Sharif, condenou veementemente o ato de assassínio, afirmando que "um ato tão bárbaro não só é anti-islâmico como também desumano (Sophia Saifi, Zahir Shah e Chandrika Narayan, CNN, 2016).

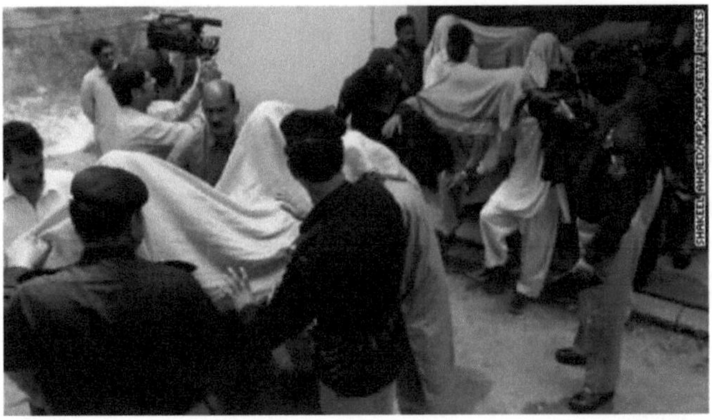

Adolescente envenenada e queimada no chamado "crime de honra"

Foi este esforço governamental insuficiente que levou Sherry Rehman a pegar no desafio. Rehman é uma senadora da oposição no parlamento paquistanês. Anteriormente, foi embaixadora do Paquistão nos Estados Unidos e ministra federal. Esta posição vantajosa permitiu a Sherry confrontar o governo paquistanês com a sua inépcia. De acordo com Sherry, "é também a natureza e a escala da brutalidade contra as mulheres que o governo paquistanês continua a tolerar, apesar de um clamor crescente por reformas". De acordo com a Comissão de Direitos Humanos independente do país, em 2015 registaram-se mais de 1100 "crimes de honra". Foram registados mais de 900 casos de violência sexual contra mulheres e cerca de 800 mulheres cometeram ou tentaram cometer suicídio" (Sherry Rehman, 2016).

"Enquanto o homicídio ou a lesão corporal são, na maioria dos casos, vistos como crimes graves, com penas severas, o mesmo não acontece quando se trata de crimes contra as mulheres, especialmente aqueles que envolvem a suposta "honra" das famílias ou comunidades. A lei permite a troca de "dinheiro de sangue" por perdão familiar em certos crimes, impedindo a polícia ou o Ministério Público de atuar e salvando os autores da justiça". Sherry conclui que "casos de grande visibilidade como estes revelam mais do que uma simples conspiração de silêncio no que respeita aos crimes contra as mulheres. Também refractam com contornos nítidos o custo da inação política no topo" (Sherry Rehman, 2016)

O líder do conselho islâmico paquistanês acaba de propor um novo projeto de lei que permite aos maridos "baterem levemente" nas suas mulheres como forma de disciplina. "Na proposta de 75 páginas, Mohammad Khan Sheerani sugere que uma pancada ligeira é aceitável em caso de necessidade de castigar uma mulher.

A proposta proíbe o espancamento à força, afirmando que é necessário um pequeno bastão para incutir o medo" (Sophia Safi e Faith Karimi, 2016). "O Conselho de Ideologia Islâmica é um poderoso órgão constitucional que aconselha a legislatura paquistanesa sobre a conformidade das leis com os ensinamentos do Islão". Assim, de acordo com o projeto de lei, "o marido deve ser autorizado a bater levemente na mulher se ela desafiar as suas ordens e se recusar a vestir-se de acordo com o seu desejo; recusar o pedido de relações sexuais sem qualquer desculpa religiosa ou não tomar banho após as relações sexuais ou o período menstrual.

"A proposta prevê também que a mulher seja espancada se não usar o hijab, se interagir com estranhos, se falar demasiado alto ou se der dinheiro sem a autorização do marido. Sugere ainda a proibição de várias actividades, incluindo a participação de mulheres em guerras. Mas permite que as mulheres participem na política e se tornem juízas, e propõe que não seja necessário um tutor para as mulheres maiores de idade. A proposta diz ainda que as mulheres não devem ser autorizadas a receber não familiares ou funcionários estrangeiros e não devem usar pílulas anticoncepcionais sem pedir aos maridos" (Sophia Safi e Faith Karimi, 2016).

No entanto, as propostas do Conselho da Ideologia Islâmica são recomendações e não são aplicáveis a menos que sejam aprovadas pelo legislador.

Sherry Rehman é uma senadora da oposição no parlamento paquistanês

(f) **Fanatismo religioso na política secular**

No entanto, as coisas estão a mudar para melhor, tanto a nível racial como religioso. Sadiq Khan, paquistanês, muçulmano praticante e político do Partido Trabalhista, foi eleito presidente da Câmara de Londres, numa eleição que foi determinada em termos raciais e religiosos, constituindo um marco político no mundo ocidental. A sua vitória seguiu-se a uma campanha invulgarmente amarga contra o candidato conservador Zac Goldsmith, filho de um bilionário inglês, em que a raça e a religião se revelaram pontos de inflamação desagradáveis (Tim Hume, CNN, 2016).

Um cenário semelhante está a acontecer nos EUA. Bernie Sanders está a ser hipoteticamente provocado para ser o companheiro de candidatura de Hillary Clinton nas eleições presidenciais de novembro (Tom LoBianco, CNN, 2016). Se isto se concretizar e ele se tornar Vice-Presidente e, eventualmente, com o tempo, Presidente da América, o mundo terá um judeu como Presidente americano e um muçulmano como Presidente da Câmara de Londres - as duas potências mundiais mais imperialistas. Em que medida é que isto teria um impacto positivo ou negativo na animosidade secular entre judeus e árabes, islão e judaísmo e islão e cristianismo? Bernie Sanders já deu um sinal positivo do que poderá acontecer, ao apelar recentemente a que os Estados Unidos deixem de ser "unilaterais" no conflito do Médio Oriente (Tom LoBianco, CNN, 2016).

Por enquanto, há uma troca de farpas religiosas entre o primeiro presidente da Câmara de Londres muçulmano eleito, Khan, e os candidatos presidenciais cristãos nos EUA, especialmente Hillary Clinton e Donald Trump. Questionado pelo New York Time sobre a forma como a sua proposta de proibição temporária de entrada de muçulmanos no país afectaria o recém-eleito primeiro presidente da câmara muçulmano de Londres, Trump respondeu: "Haverá sempre excepções". "Fiquei feliz por ver isso", afirmou, referindo-se à vitória de Khan. "Penso que é uma coisa muito boa e espero que ele faça um bom trabalho porque, francamente, isso seria muito, muito bom".

Em resposta, o novo presidente da Câmara de Londres, que já tinha acusado o seu rival, Zac Goldsmith, de se ter inspirado no "manual de Donald Trump" ao visar a sua religião durante a amarga campanha para a presidência da Câmara, afirmou: "Penso que tentar procurar diferenças, tentar virar as comunidades umas contra as outras não é conducente a uma vida bem sucedida e amigável". Khan foi mais longe: "Serei impedido de lá ir em virtude da minha fé, o que significa que não poderei interagir com os presidentes de câmara americanos e trocar ideias". "A visão ignorante que Donald tem do Islão pode tornar os nossos dois países menos seguros, arrisca-se a alienar os muçulmanos de todo o mundo e favorece os extremistas". Não se trata apenas de mim, trata-se dos meus amigos, da minha família e de todos os que têm um passado semelhante ao meu, em qualquer parte do mundo. Donald Trump e os que o rodeiam pensam que os valores liberais ocidentais são incompatíveis com a corrente principal do Islão - Londres provou que ele está errado" (Time Hume, 2016). "Os tácticos conservadores pensavam que este tipo de tácticas iria vencer em Londres e estavam enganados. Estou confiante de que a abordagem de Donald Trump à política não vencerá na América".

Não foi só o Reino Unido que demonstrou que o recurso a uma linguagem anti-muçulmana pode sair pela culatra. "Veja-se o exemplo do antigo primeiro-ministro canadiano Stephen Harper. No ano passado, recorreu a uma linguagem anti-muçulmana grosseira quando tentava a reeleição. Em contrapartida, o adversário de Harper, Justin Trudeau, esforçou-se por abraçar os muçulmanos (e outras minorias). Harper não só perdeu, como foi derrotado" (CNN, 2016).

Um sinal disso já se está a manifestar claramente nos EUA. Enquanto Trump afugentava os muçulmanos, Hillary Clinton e, sobretudo, Bernie Sanders, o seu rival democrata, estenderam-lhes a mão. Sanders, um judeu, tem tido dificuldades em atrair os eleitores das minorias em geral, mas os eleitores muçulmanos parecem ter recompensado a sua atenção, dando-lhe uma vantagem no Michigan e depois no Wisconsin; dizendo: "Independentemente do democrata que ganhar, o Partido Democrata ganha (CNN, 2016)

A vitória de Sadiq Khan em Londres envia uma mensagem poderosa ao mundo - não apenas aos fanáticos anti-muçulmanos, mas também aos próprios muçulmanos. Que "a política secular funciona: Os preconceitos baseados na fé podem ser reais, mas são, em última análise, uma proposta perdedora. E não nos ocorre melhor forma de encorajar e aumentar a adesão dos muçulmanos britânicos à sua democracia do que esta simples mensagem: Serás julgado pelo que fazes, e não por quem és" (CNN, 2016)

(g) Confronto religioso no decurso da campanha

Pela primeira vez em décadas, dezenas ou séculos, a campanha para a nomeação presidencial americana está a assistir a um confronto religioso entre os apoiantes de dois concorrentes opostos à nomeação presidencial - Bernie Sanders (um judeu) do Partido Democrata e Donald Trump (um cristão) do Partido Republicano. A retórica anti-muçulmana de Donald Trump não só foi condenada a nível internacional, como também foi atacada por outros concorrentes dos dois partidos políticos. A retórica anti-muçulmana de Donald Trump não só foi condenada internacionalmente, como também atacada por outros concorrentes dos dois partidos políticos, nomeadamente por Hillary Clinton, Bernie Sanders, pelo Presidente Obama e, claro, pelo Alto Comissário da ONU, Zeid Raad al-Hussein. Para o Presidente Obama, a retórica do Partido Republicano foi "uma retórica política indesculpável contra os muçulmanos-americanos" (Kevin Liptak, produtor da CNN na Casa Branca, 2016). O Alto Comissário das Nações Unidas para os Direitos Humanos "condenou as políticas do candidato republicano Donald Trump, equiparando-as ao fanatismo". Sem mencionar o nome de Trump, Hussein destacou o apoio do empresário à tortura e as suas políticas em relação aos muçulmanos. Segundo ele, "o fanatismo não é prova de uma liderança forte". "O comissário também criticou o plano do candidato rival, Ted Cruz, de vigiar os bairros muçulmanos, concluindo que "o discurso do ódio, o incitamento e a marginalização do 'outro' não são uma forma de entretenimento ou um veículo respeitável para o lucro político (BBC News, 2016).

Hillary Clinton considera-a "perigosa", enquanto Bernie Sanders foi mais longe ao patrocinar um protesto contra o comício de Donald Trump, no qual "um manifestante correu para o palco onde Trump estava a discursar" (Jeremy Diamond e Eugene Scott, CNN, 2016). Depois de Bernie Sanders, "vários grupos de rabinos e líderes religiosos judeus planeiam protestar contra o discurso de Donald Trump numa importante conferência pró-Israel em Washington, na segunda-feira, acusando o candidato presidencial de encorajar o ódio". Além disso, uma família muçulmana acaba de pedir um pedido formal de desculpas à United Airlines depois de ter sido retirada de um voo no Aeroporto Internacional O'Hare de Chicago no mês passado. A este respeito, uma família muçulmana britânica viu ser-lhe recusado o embarque num voo para os Estados Unidos, o que levou Ahmed Rehab, do Council on American-Islamic Relations (CAIR), a protestar. Segundo ele, "estamos cansados de ver passageiros de aparência muçulmana serem retirados dos voos pelas razões mais frágeis, sob a alegação enigmática de 'segurança'" (Ellis e Darius Johnson, CNN, 2016). Quando Trump estava "programado para discursar na conferência do American Israel Public Affairs Committee na segunda-feira à noite, vários grupos estavam a organizar boicotes ao discurso" (Tal Kopan, CNN, 2016)

Entretanto, esta campanha de ódio de Donald Trump está a sair da América, com um estudante piloto egípcio nos EUA "a enfrentar a deportação dos EUA depois de ter publicado no Facebook que o mundo lhe agradeceria se ele matasse Donald Trump". Emadeldin Elsayed, de 23 anos, não foi acusado de nenhum crime, mas as autoridades estão a tentar expulsá-lo do país, disse o seu advogado, Hani Bushra. Atualmente, o Sr. Elsayed está numa prisão em Orange, Califórnia" (BBC News, 2016). Outros incidentes semelhantes são os de Khairudeen Makhzoomi, estudante de 26 anos da Universidade da Califórnia, em Berkeley, que foi expulso do voo da Southwest por falar árabe dentro de um avião. Tal como o estudante piloto egípcio, a sua família exigiu um pedido de desculpas depois de ter sido expulso do voo da United. Há também o caso de três muçulmanos sikh expulsos de um voo por causa da sua aparência.

As torres de marfim não ficam de fora desta história. "A Citadel, o prestigiado colégio militar da Carolina do Sul, recusou o pedido de uma futura estudante muçulmana para usar um hijab e a família da mulher está agora a considerar uma ação legal, invocando o facto de a Citadel ser uma universidade pública". Segundo eles, "as nossas forças armadas americanas permitem hijabs, barbas, turbantes e yarmulkes". Mas as autoridades escolares afirmaram que a escola respeita os pontos de vista religiosos dos alunos, mas não pode satisfazer um pedido que iria perturbar os princípios fundamentais da escola". A autoridade elaborou ainda que "a uniformidade é a pedra angular deste modelo de desenvolvimento de quatro anos. A uniformização dos cadetes no que diz respeito ao vestuário, ao aspeto geral, às acções e aos privilégios do colégio" (A.J Willingham, CNN, 2016). Por último, mas não menos importante, há a questão do "Clock boy" Ahmed Mohamed, que está a pedir 15 milhões de dólares e desculpas como indemnização. De acordo com as vítimas, todos estes são casos claros de islamofobia (Carma Hassan e Catherine E. Shoichet, CNN, 2016).

No entanto, as vítimas de islamofobia estão agora a receber justiça e um bom exemplo disso é o caso de um "incidente ocorrido num voo da Southwest Airlines, em 11 de dezembro, de Chicago para Albuquerque, no Novo México. Um homem, Gill Parker, de 37 anos, que admitiu ter arrancado o hijab de uma mulher muçulmana durante um voo, declarou-se culpado na sexta-feira de uma acusação de obstrução ao livre exercício do direito religioso de uma pessoa e cumprirá dois meses de prisão domiciliária nos termos do acordo judicial" (Ralph Ellis e Carma Hassan, CNN, 2016)

No entanto, Donald Trump também está a ganhar um aliado no longínquo Egito. Ahmed al-Zind, Ministro da Justiça do Egito, fez uma declaração blasfema na televisão durante uma entrevista, o que levou a severas críticas ao seu comentário e à retirada do seu cargo e dever como Ministro da Justiça. Em resposta à pergunta de um apresentador de televisão sobre se prenderia jornalistas, respondeu: "Mesmo que fosse o Profeta [Maomé]". "O comentário suscitou críticas generalizadas nas redes sociais e deu origem a uma hashtag no Twitter que apelava a que fosse julgado" (Schams Ewazer, CNN, 2016).

Mas outras religiões, nomeadamente a muçulmana, nos EUA, também estão a apoiar Donald Trump. Um grupo, "American Muslim for Trump", diz que o que Trump defendeu "um encerramento total e completo da entrada de muçulmanos nos Estados Unidos até que os representantes do nosso país consigam perceber o que se está a passar" "foi altamente exagerado e utilizado fora do contexto". "O fundador do grupo, Sajid Tarar, um paquistanês-americano, diz que apoia totalmente as sugestões de Trump no sentido de encontrar um forte mecanismo de controlo para os refugiados provenientes de países como a Síria". Segundo ele, "eu próprio sou americano e acredito que a questão deve ser (colocar) a América em primeiro lugar". Não sou a favor de que alguém venha para cá e faça coisas contra a América" (Brajesh Upadhyay, 2016).

Para Jesse Singh, que fundou o grupo American Sikhs for Trump e que é "o Presidente da Associação do Governador de Maryland para os Assuntos do Sul da Ásia", ele e Tarar organizaram **recentemente** uma reunião **com um representante da campanha de Trump em Maryland.** Ele veio da Índia para os Estados Unidos há quase 30 anos. Segundo ele, "já não vejo essa América". Por isso, quando Trump diz que vai tornar a América grande de novo, concordo plenamente com ele". Trump nunca se opôs à migração legal e tem negócios em todo o mundo, incluindo na Índia", acrescentou. Penso que ele compreende as diferentes culturas e os diferentes países melhor do que qualquer outro candidato na corrida". No entanto, "tanto Singh como Tarar têm consciência de que as comunidades sikh e muçulmana em geral não concordam com os seus pontos de vista (Brajesh Upadhyay, 2016).

Finalmente, há a página "Hindu for Trump" no Facebook, que tem 500 "gostos", e que chegou ao ponto de colocar o magnata dos negócios no mesmo pedestal que alguns dos deuses mais venerados. Criaram um cartaz em que Trump é visto sentado numa postura de ioga sobre um lótus com o símbolo

"Om" - uma estranha semelhança com os deuses hindus Brahama e Vishnu, o protetor e restaurador da ordem moral. Um post na página do grupo no Facebook apela aos Trumps Haters". Oiçam isto: "Donald Trump promete tornar a América Grande de novo. Isso significa mais empregos, menos disputas, fronteiras protegidas, excedente do tesouro e uma vida melhor para os americanos LEGAR. Ele vai ganhar e vocês estão do lado errado da História. Estima-se que existam quase 2,5 milhões de hindus a viver nos Estados Unidos" (Brajesh Upadhyay, 2016).

Uma questão fundamental a colocar neste momento é por que razão os árabes acreditam na estratégia de matar oponentes religiosos para ajustar contas religiosas? Não há outra(s) estratégia(s)? O povo mais perseguido no mundo atual por cristãos e muçulmanos são os judeus. Porquê os judeus e não o contrário? Para além da religião, os judeus são perseguidos também por razões políticas, económicas, caricaturais e científicas, todas elas atraindo "ataques públicos e ameaças de morte". Por motivos religiosos, segundo o rabino Jonathan Wittenberg, "os judeus têm sido historicamente mais perseguidos pelos cristãos do que pelos muçulmanos". Segundo o rabino, "a inquisição em Espanha, quando a rainha expulsou os judeus em 1492, foi uma das principais infracções dos judeus contra os cristãos". Segundo o rabino, "a inquisição em Espanha, quando a rainha expulsou os judeus em 1492, foi uma das principais infracções dos judeus contra os cristãos" (Olasupo, 2015:102). Por razões políticas e económicas, nas décadas de 1920 e 1930, os judeus na Alemanha estavam a ser expulsos do país, o que, na década de 1940, culminou no holocausto.

(h) Judeus iorubás

Razões políticas: uma das numerosas razões políticas pelas quais os judeus, simbolizados por Albert Einstein, foram publicamente atacados e ameaçados de morte foi a sua franqueza. Por exemplo, a franqueza de Albert "contra a segregação racial e a descrição de preconceitos profundamente enraizados como "degradantes" e "fatais" levou-o a ser atacado pela imprensa não só na Alemanha mas também nos Estados Unidos da América. Atribui a difícil situação da população negra não à falta de capacidade, mas vê-a como o resultado de centenas de anos de opressão" (Jurgen Renn, 2005: 156). "Também apoia os esforços contra a discriminação dos judeus nos Estados Unidos, por exemplo, apoiando a fundação de organizações judaicas, incluindo a Universidade Brandeis. Profundamente angustiado com o Holocausto, Einstein apela à destituição permanente da Alemanha após a guerra" (Jurgen Renn, 2005: 146).

A perseguição aos judeus não se limita à Europa e à América, os judeus africanos, em especial os judeus nigerianos de origem Ijebu, na parte ocidental da Nigéria, também sofreram algumas discriminações e rejeições devido ao seu brilhantismo e teimosia. O Chefe Obafemi Awolowo, o decano da política nigeriana, sofreu muito. Foi o primeiro político da Nigéria a formar um "Partido do Grupo de Ação de Base Ocidental" da Nigéria. Foi o primeiro político da Nigéria a deslocar-se "para alguns comícios de campanha num helicóptero", para inveja dos seus inimigos políticos. Acusado de gastos desnecessários com voos, o Chefe Obafemi Awolowo, um judeu de Ijebu, disse: "Voarei e voarei até os meus adversários ficarem atordoados"? Segundo ele, "os voos de helicóptero, nesta fase das campanhas, eram operações de limpeza para acabar com as esperanças dos meus rivais políticos" (Felix Bamishigbin, 1987:14 e 16). Foi o primeiro político a ser acusado de golpe de Estado e a ser condenado a dez anos de prisão.

Mas a unidade dos judeus nigerianos (Ijebus) com os seus descendentes e vizinhos árabes (Yorubas da corrente principal) e, claro, os Hausa-Fulani está a começar a tomar forma. Os Hausa-Fulanis, que durante mais de cinco décadas não falaram politicamente com a parte judaica da nação Yoruba, estão a começar a encontrar um compromisso? Por exemplo, o Chefe Obafemi Awolowo (um cristão devoto) e a Máfia de Kaduna (essencialmente muçulmana e um dínamo da política nigeriana) negociaram e assinaram um pacto pouco antes das eleições gerais de 1983. Embora se tratasse de um pacto que impedia o Chefe Awolowo de restabelecer as relações diplomáticas rompidas com Israel devido à colonização de parte do Egito por este último, era o início de um diálogo. Outros laços condicionais do pacto foram a escolha de um companheiro de candidatura muçulmano (Alhaji Muhammadu Kura) para ele e uma forte identificação com o curso muçulmano. Por exemplo, durante a campanha para as eleições presidenciais desse ano, o Chefe Awolowo, na sua digressão de campanha pelo Norte, levou consigo a sua irmã mais nova, Alhaja Anotu Awofeso (Olasupo, 2015). O objetivo era demonstrar aos eleitores do Norte, na sua maioria muçulmanos, que, apesar de ser cristão, era tolerante em relação a outras religiões, pois o exemplo da sua irmã, que era casada com um muçulmano, era prova suficiente para eles. Embora tenha perdido as eleições apesar deste pacto, o pacto manteve-se e concretizou-se recentemente. O atual Presidente do país, Muhammad Buhari, é um homem Hausa-Fulani, enquanto o Vice-Presidente (um judeu Yoruba) é companheiro de cidade e genro do falecido Chefe Obafemi Awolowo.

Razão científica: A teoria geral da relatividade de Albert Einstein é uma descoberta científica que revolucionou a física. A teoria permitiu compreender a maior de todas as coisas, desde a formação do Big Bang do universo até aos seus misteriosos buracos negros. Foram necessários três anos para os astrónomos testarem esta teoria, medindo a forma como o Sol desviava a luz proveniente de uma estrela. O resultado foi anunciado numa reunião da Royal Society em Londres. Com este resultado positivo, Isaac Newton foi destronado, enquanto Einstein se tornou uma celebridade mundial, com a imprensa mundial a reagir de forma diferente a este facto. Para o Times de Londres: "Revolução na ciência... Ideias newtonianas derrubadas"; e New York Times: "Lights all askew in the Heavens/Men of Science More or Less Agog over Results of Eclipse Observation /Einstein Theory Triumphs" (TIME: PERSON OF THE CENTURY, 1999:22). Devido ao derrube de Isaac Newton, Albert Einstein foi recebido com frieza quando chegou a Inglaterra em 15 de junho de 1921. Mas, no decurso das suas conferências em Manchester e no King's College de Londres, "consegue convencer o seu público do carácter internacional da ciência, sobretudo devido à sua ênfase no quanto deve a Newton" (Jurgen Renn, 2005: 128). Assim, "quando os judeus estavam a ser apontados pelo partido nazi de Hitler, em ascensão, como a causa da derrota e dos problemas económicos da Alemanha, Einstein e a sua "Física judaica" eram um alvo favorito" (TIME: PERSON OF THE CENTURY, 1999:22)

Tal como Albert Einstein, o Professor Wole Soyinka, um judeu nigeriano também oriundo de Ijebu, e igualmente laureado com o Prémio Nobel, tal como Einstein, também sofreu discriminações, prisões e exílios. No entanto, enquanto Albert era um cientista, Soyinka é um artista. Enquanto a controvérsia de Einstein teve origem na teoria da relatividade, a de Soyinka resulta "da crítica pública contra as questões que ele considera serem de "interesse público". "Ao longo dos seus anos na Universidade de Ibadan e das contradições que exigiram o aparecimento da Confraria dos Piratas; da sua liderança no Corpo de Segurança Rodoviária dos Estados de Oyo; da sua alegada tomada de posse da estação de rádio da Western Nigeria Broadcasting Corporation (WNBC) após as eleições de 1965 na região ocidental, do seu Prémio Nobel; etc., etc., o lirismo da sua imersão na controvérsia é quase épico, um grande "drama da existência"

"Quando as palavras não parecem ser suficientes para transmitir a sua convicção, Soyinka arregaça as mangas e envolve-se fisicamente na procura de justiça e na correção dos erros. Em 1965, foi acusado de traição por ter ocupado a então Western Nigerian Broadcasting Corporation e anunciado (ilegalmente) o Action Group como vencedor das eleições gerais de 1965, contra o NNDP liderado pelo Chefe Samuel Akintola. O Chefe Samuel Akintola pertence à corrente principal dos iorubás que afirmam ter vindo de Makka, através do Egito, para a Nigéria, enquanto o Chefe Awolowo e o Professor Wole Soyinka são iorubás que afirmam ter vindo de Israel (Kodilinye et al, 1988:8&9).

Recentemente, o monarca mais importante de Iorubalândia, Oba Adeyeye Ogunwusi, Ojaja II, o Ooni de Ife, fez duas declarações marcantes sobre as questões dos judeus iorubás e da igualdade dos géneros em Iorubalândia. Segundo ele, o povo iorubá da Nigéria Ocidental é constituído por dois grupos distintos de pessoas: os que têm as suas raízes no Egito e os que têm as suas raízes na Casa de Jacob em Israel (Oseheye Okwuofu, 2016:37; Premium Times, 2013). Para mim, isto é uma referência tácita ao meu projeto de investigação que prova que os Ijebus em Yorubaland são judeus. Trata-se de uma confirmação das conclusões da minha investigação de que os Ijebus são judeus; publicada em Black African Jews: Towards Global Religious Harmony pela Hadassah Word Press em 2015. Ver a figura abaixo. Acholonu Olumba acrescentou que "basta notar que a mistura de raças negras e brancas no Egito muito antigo produziu árabes e judeus, também chamados semitas, uma raça de meia casta (eGUARDIAN, 2016). Tatalo Alamu, no seu Colum semanal no jornal The Nation, no domingo, afirmou que "a África continental e os africanos não são estranhos a migrações épicas. A história do continente é um longo drama de migração e incorporação forçadas. Para além da migração bíblica e da expulsão forçada da antiga tribo de Judá do Egito, há numerosos exemplos de longas caminhadas ou voortrek, como lhe chamavam os antigos colonos holandeses que se deslocavam para o interior" (Tatalo Alamu, 2015:3).

Idowu Akinlotan, que se estende ainda mais, afirmou que "o controverso êxodo do primeiro ou segundo milénio de provavelmente menos de um milhão de judeus que se crê terem fugido do Egito (população de 3,5 milhões de pessoas na altura)" foi derramado na África continental (Idowu Akinlotan, 2015: página posterior). Além disso, de acordo com o Professor Jide Osuntokun, "a maioria dos Bororo Fulanis nem sequer são muçulmanos. Muitos deles são animistas ou praticam algumas religiões antigas e os antropólogos encontraram **vestígios de um judaísmo rude nas suas crenças**" (Jide Osuntokun, 2016:17). A afirmação do Professor Jide Osuntokun é uma corroboração de Tatalo Alamu e Idowu Akinlotan de que os judeus que fugiram do Egito no segundo milénio se espalharam pela África continental e que a probabilidade de haver judeus entre os Fulanis também é elevada. Não é possível encontrar vestígios de um judaísmo rudimentar no grupo Bororo Fulani sem que alguns deles sejam efetivamente judeus.

Fonte: Net. De roupa preta e vermelha está o soberano supremo dos Ijebus, ou seja, dos judeus nigerianos, Oba Sikiru Adetonna, e do seu lado esquerdo está o soberano supremo de toda a raça iorubá, Oba Adeyeye Ogunwusi, o Ooni de Ife, que afirmou que o progenitor da raça iorubá, Oduduwa, veio do Egito, enquanto o seu homólogo (Oba Sikiru Adetona) veio de Israel através da Rainha Sabá; mais ou menos marido e mulher. Ooni (Egito) marido e Awujale (Rainha Shaba, Israel) mulher.

A segunda declaração do novo Ooni de Ife tem a ver com a questão do género. Ao dirigir-se às mulheres governantes tradicionais que vieram do estado de Ekiti para prestar homenagem a Sua Majestade imperial, Oba Enitan Adeyeye Ogunwusi, no dia 25 de março de 2016, o Ooni de Ife observou em ioruba que "bawo ni obo ti se ori ti inaki o se". Traduzido para inglês, isto significa que há alguma diferença entre babuíno e macaco? Por outras palavras, como ele diz em inglês, "What is good for the Goose is good for the Gander" (o que é bom para o ganso é bom para o ganso). Acrescentando que, tal como existem monarcas masculinos, também existem monarcas femininos e que as autoridades de ambos emanam de Ile-Ife, o berço da raça Yoruba. Segundo ele, tal como a maioria dos reis masculinos deixaram Ile-Ife com a coroa para onde quer que estejam atualmente, o mesmo aconteceu com as mulheres. Citou como exemplos Iwo, Owu e Ile Oluji. Para além disso, afirmou que até uma mulher, Luwo Gbadiga, foi em tempos Ooni de Ife e que outra mulher notável na história da raça Yorubas é Moremi. Ver a imagem abaixo.

Ao centro, o líder tradicional supremo de toda a raça iorubá, Oba (rei) Adeyeye Ogunwusi, o Ooni de Ife. O segundo a contar da direita, de fato preto, é o investigador F.A Olasupo, quando as mulheres dos líderes tradicionais do Estado de Ekiti lhe prestaram homenagem como novo Ooni de Ife, a 25 de março de 2016.

Por conseguinte, entre os Yorubas da Nigéria Ocidental existe uma democratização da religião - pode ser-se muçulmano, cristão, judaico ou tradicionalista. Além disso, o marido pode ser muçulmano e a mulher cristã, judaica ou tradicionalista. Dois exemplos disto são o Governador Raji Fashola do Estado de Lagos, cuja mulher é católica, Emmanuelle Fashola. No estado de Oyo, o governador é Isiaq Ajimobi, muçulmano, enquanto a sua mulher, Florence Ajimobi, é cristã. Comentando a relação dos iorubás com as religiões, o antigo Presidente Militar da Nigéria, o Presidente Ibrahim Babangida, afirmou que "a maior parte destes problemas relacionados com a religião são problemas criados pela elite. Numa casa iorubá há um muçulmano, um cristão e não crentes, talvez um adorador de Sango (trovão). Vivem juntos e não há qualquer problema". Outro observador, o Professor OBC Nwolise, afirmou que a maioria das famílias em Yorubaland tem uma mistura de duas ou três das principais religiões da Nigéria - o Islão, o Cristianismo e a religião tradicional" (Olasupo, 2001:170). É por isso que, em Yorubland, os governantes tradicionais, ao subirem ao trono dos seus antepassados, pertencem a todas as religiões. Embora tenham religiões específicas da sua escolha, devem também identificar-se com outras religiões, especialmente durante e após as suas instalações, durante as actividades festivas religiosas e durante os seus ritos fúnebres.

Ao longo dos séculos, os descendentes de árabes e judeus (ou seja, Oduduwa e a rainha Sheba ou Bilikis) da região de Iorubalândia não só se casaram entre si, como fundaram cidades comuns que ostentam os seus nomes comuns, por exemplo, Ijebu-Ife, Ijebu-Jesha, Ijebu-Mushin, Ijebu-Igbo, etc. Oduduwa, o progenitor e patriarca da raça Yoruba, descende de árabes negros e estabeleceu-se em

Ile-Ife, enquanto a Rainha Sheba, a matriarca dos Ijebus, descende de judeus negros e estabeleceu-se em Oke Eri, na Ijebulândia. É por isso que os casamentos entre estes dois grupos distintos culminaram na atribuição de nomes comuns a algumas cidades da Iorubalândia, à semelhança do que acontece entre os Hausa-Fulanis do Norte da Nigéria. Por conseguinte, os árabes e os judeus de todo o mundo deveriam imitar esta situação como um processo conducente à paz israelo-árabe e, concomitantemente, à paz mundial. No entanto, é interessante e bem-vindo o facto de árabes e israelitas comuns terem iniciado o processo através de casamentos mistos, mesmo à custa de perderem as suas vidas. Recentemente, a revista "Time Out" publicou um vídeo que mostrava árabes e judeus a beijarem-se, em protesto contra a proibição de um romance sobre o amor entre judeus e árabes. Veja um exemplo disso abaixo

Fonte: CNN, Judeus e árabes beijam-se em protesto contra a proibição de livros (Adicionado em 1521 GMT (2321 HKT) 8 de janeiro de 2016)

Assim, o início da paz árabe-israelita e mundial começa com os casamentos inter-raciais e religiosos, por um lado, e com a democratização da religião, por outro. Israel deve permitir que os árabes e os muçulmanos pratiquem a sua religião em Israel; da mesma forma, os árabes devem permitir que o judaísmo e o cristianismo sejam praticados nos países árabes. Foi assim no início. O Iémen é um caso moderno disso mesmo, até há pouco tempo, quando a crise no Iémen levou à emigração dos judeus. O mundo e os árabes-israelitas estarão verdadeiramente em paz quando isso se concretizar. É isso que torna a América e os países europeus espessos. Todas as religiões são bem-vindas, os casamentos inter-raciais e religiosos também. O caso do Presidente Obama é um bom exemplo. Porque é que um judeu tem de ser praticante do judaísmo para ser aceite como um verdadeiro judeu? Jesus Cristo foi um judeu que deu ao mundo a primeira religião global, seguido pelo Profeta Maomé (SWA) que deu ao mundo a segunda religião global. O judaísmo, que deveria ser a terceira, é demasiado restritivo e alienante devido ao princípio da "lei do retorno" do governo israelita. "No ano passado, o governo israelita concedeu cidadania a 9000 etíopes com ascendência judaica, seguindo o seu princípio da "lei do regresso". Esta lei dá aos descendentes de judeus o direito de migrarem para Israel a partir de onde quer que se encontrem, mas também exige que se convertam ao judaísmo, que é a religião nacional" (Feeds Venture, 2016; venturesafrica.com/why-do-w). Porquê a conversão? Se Bernie Sanders, o atual candidato à nomeação presidencial pelo Partido Democrata, quiser regressar a Israel, terá também de se converter ao judaísmo, uma vez que, no decurso da campanha para a nomeação, "se descreveu repetidamente como um judeu secular, sem fortes ligações à religião organizada".

Razão dos desenhos animados: A ridicularização de outras religiões, especialmente do Islão, é uma das razões pelas quais os judeus são atacados não só pelos muçulmanos mas também por outras religiões. Um exemplo recente é a caricatura do Profeta Maomé (SAW) feita por uma revista semanal satírica judaica francesa, que apresenta caricaturas, reportagens, polémicas e piadas - Charlie Hebdo. Abomino o uso da violência para ajustar contas religiosas. Os muçulmanos não têm falta de académicos e intelectuais que possam investigar o cristianismo e o judaísmo e criticar também os seus próprios profetas. Mas a violência não deve ser a estratégia. Como resposta à caricatura depreciativa do Profeta Maomé (SAW), veja-se também a de Jesus Cristo!

O terrorismo como forma de protesto religioso e político deve, por conseguinte, ser travado pelos nossos irmãos muçulmanos e abraçar o protesto intelectual. O Conselho Mundial Muçulmano deveria criar um comité para este efeito. Até agora, o editor e cartoonista do Charlie Hebdo, Stephane "Charb" Charbonnier, de 47 anos, tem vivido sob proteção policial desde que foi ameaçado de morte (BBC News, 2016)

Precederam estes escárnios os anteriores de Salman Rushdie e Terry Jones. Em 1988, o romance de Salman Rushdie, Os Versos Satânicos, publicado no Reino Unido, provocou tensões religiosas entre os mundos muçulmano e cristão. Acusado de blasfémia ou descrença, o Ayatollah Ruhollan Khomeine, com o apoio do governo iraniano, emitiu uma fatwa ordenando aos muçulmanos que matassem Rushdie. Mas quando o governo sucessor do Presidente iraniano Mohammad Khatami chegou ao poder, afirmou que já não apoiava a morte de Rushdie, embora a fatwa continuasse em vigor (Olasupo, 2015:99).

Em março de 2011, Terry Jones, um controverso pregador evangélico, supervisionou a queima de uma cópia do Alcorão numa pequena igreja da Florida, depois de considerar o livro sagrado muçulmano "culpado" de crimes. Anteriormente, tinha planeado incendiar uma pilha de Alcorões no aniversário dos ataques de 11 de setembro de 2001 (Olasupo, 2015:99). Mais uma vez, em setembro de 2013, planeou queimar quase 3000 Alcorões, mas foi detido antes de o conseguir fazer (Olasupo, 2015:99).

Porque é que a religião islâmica é ridicularizada pelas suas congéneres "abraâmicas" - o judaísmo e o cristianismo? Quantas vezes é que os muçulmanos ridicularizaram as duas outras religiões? Em todo o caso, os muçulmanos foram justificados pela recente descoberta de uma bíblia com 1500 anos, descoberta na Turquia, que afirma que Barnabé, um dos discípulos de Cristo, declarou no seu evangelho que Jesus não foi crucificado, mas que "diz que ele subiu ao céu vivo e que Judas Iscariotes foi crucificado no seu lugar". Além disso, o evangelho com 1500 anos de idade também afirma que Jesus Cristo não era o filho de Deus [como a maioria dos cristãos proclama: Deus, o pai, o filho e o espírito santo], mas simplesmente um profeta que transmitiu a palavra de Deus" (Donovan Longo, 2016). Que Jesus Cristo "não morreu e subiu ao céu com vida". "Também afirma que foi Judas Iscariotes que foi realmente crucificado e chama o apóstolo Paulo de impostor". Diz-se que esta descoberta e revelação está a perturbar o Vaticano que "pediu às autoridades turcas que os deixassem examinar o conteúdo do livro" (Foreign News, 2016). Porque, como argumentou um autor, "se esta Bíblia é autêntica, então o cristianismo tal como o conhecemos é uma mentira, se esta Bíblia é falsa, então todas as Bíblias são falsas, logo o cristianismo tal como o conhecemos é uma mentira" (Vaticano, 2015). De facto, muitos seguidores do Islão acreditam que nenhum profeta é filho de Deus, mas sim mensageiros de Deus, que a Bíblia original foi reprimida pela Biblioteca do Vaticano. Agora, o Evangelho de São Barnabé deu razão aos muçulmanos.

Estas e outras razões explicam porque é que os judeus são odiados. O facto de os judeus terem rejeitado Jesus é outra razão importante pela qual os judeus são odiados, sobretudo pelos cristãos. Para um inquirido, "os judeus rejeitaram Jesus porque, aos seus olhos, Ele não conseguiu fazer o que se esperava do seu Messias - destruir o mal e todos os seus inimigos e estabelecer um reino eterno com Israel como a nação permanente no mundo. As profecias de Isaías 53 e do Salmo 22 descrevem um Messias sofredor que seria perseguido e morto, mas os judeus preferiram concentrar-se nas profecias que falam de vitórias e não da Sua crucificação (Facebook, 2016). Do ponto de vista de um rabino, "uma das perguntas mais comuns que recebemos no Aish.com é "Porque é que os judeus não acreditam em Jesus?" Vamos perceber porquê - não para menosprezar as outras religiões, mas antes para clarificar a posição judaica. Em primeiro lugar, Jesus não cumpriu as profecias messiânicas; em segundo lugar, Jesus não incorporou a qualificação pessoal do Messias; em terceiro lugar, os versículos bíblicos que "se referem" a Jesus são traduções erradas; em quarto lugar, a crença judaica baseia-se na revelação nacional" (Rabino Shraga Simmons, 2016)

CAPÍTULO 3

INTERFACES DAS RELIGIÕES ABRAÂMICAS

(a) Porque é que o Islão, o Cristianismo e o Judaísmo se devem unir

No entanto, é importante notar que são os adeptos destas duas religiões que causam a rivalidade desenfreada entre elas. Os dois profetas mais importantes, Jesus e Maomé, falavam um do outro em línguas florescentes. Por exemplo, enquanto se diz que "ao lado do túmulo do Profeta Maomé em Medina, uma porção de terra foi preservada para a segunda vinda de Jesus Cristo, para que, quando ele viesse e finalmente morresse, fosse enterrado ali, a Bíblia de 1500 anos recentemente descoberta afirmava que "O Evangelho de Barnabé contém até uma história em que Jesus prevê a vinda do Profeta Maomé" (Olasupo, 2015, Vaticano, 2015). Além disso, "a chave (uma antiga chave de ferro fundido, com cerca de 500 anos) de um dos locais mais sagrados do cristianismo está na posse de uma família muçulmana, e assim tem sido durante séculos". Ver figura abaixo. "Isto é mais do que uma simples tradição. É a própria essência do judaísmo, parte do que torna a história cultural e religiosa da Cidade Velha tão especial" (Oren Liebermann, CNN, 2016)

Fonte: CNN, Adeeb Joudeh carrega uma chave de ferro fundido com cerca de 500 anos enquanto caminha pelas ruas da cidade velha de Jerusalém.

O Governo israelita retribuiu recentemente a gentileza quando devolveu ao Egito duas tampas de sarcófagos que irradiam história e beleza. Uma delas data de 1600 a 1300 a.C. e a outra de 900 a 700 a.C. Agora, as tampas de madeira do tempo dos faraós estão em casa. O regresso das duas tampas de sarcófagos ao Egito, segundo o Ministério dos Negócios Estrangeiros israelita, é um sinal de aquecimento dos laços entre os dois países. Além disso, devido à idade e às condições de fragilidade das duas tampas de sarcófagos, as autoridades israelitas mantiveram-nas em armazéns climatizados.

climatizadas. Depois de cumpridos vários procedimentos burocráticos, as tampas dos sarcófagos foram entregues ao embaixador egípcio Hazem Kahirat no Ministério dos Negócios Estrangeiros de Israel. "Dore Gold, diretor-geral do Ministério dos Negócios Estrangeiros, disse esperar que a devolução dos artefactos conduza a uma maior cooperação bilateral entre os países" (Oren Liebermann, CNN, 2016). Veja as duas tampas de sarcófago abaixo.

O Ministério dos Negócios Estrangeiros de Israel entregou ao Egito duas relíquias antigas que chegaram ilegalmente a Israel

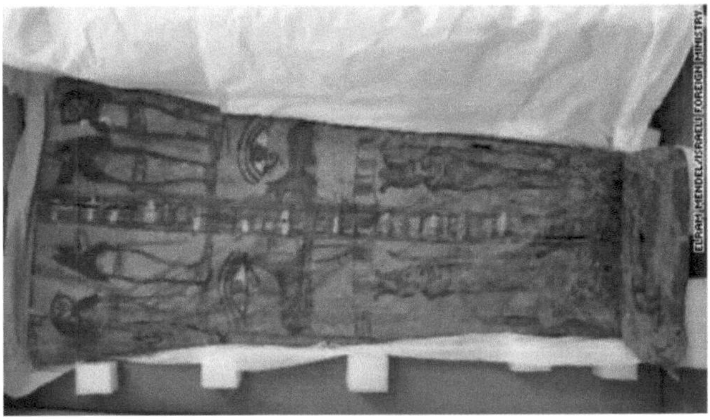

A Autoridade Israelita de Antiguidades manteve as tampas dos sarcófagos em armazéns climatizados

Além disso, Israel reabriu a sua embaixada no Egito quatro anos depois de os manifestantes terem invadido a embaixada, obrigando os diplomatas israelitas a abandonar o Cairo. Para o efeito, uma delegação chefiada pelo Diretor-Geral do Ministério dos Negócios Estrangeiros, Dore Gold, deslocou-se ao Cairo para uma cerimónia oficial que assinalou a reabertura da embaixada. Um discurso comovente que assinalou a reabertura da embaixada colocou a tónica na unidade dos dois países mais importantes do Médio Oriente - Egito e Israel. De acordo com o discurso, "sob a liderança do Primeiro-Ministro Benjamin Netanyahu e do Presidente do Egito, Abdel-Fatah al- Sisi, conseguimos afastar a ameaça e estamos a trabalhar em conjunto para trazer estabilidade e prosperidade económica ao Médio Oriente". Gold é citado no discurso como tendo dito: O Egito será sempre o maior e mais importante país da nossa região, e não é de admirar que, no mundo árabe, as pessoas estejam habituadas a chamar ao Egito 'A mãe do mundo'" (Oren Liebermann, 2015)

Há também o caso de Maaloula, "um dos enclaves cristãos mais famosos da Síria. É um dos poucos sítios do planeta onde o aramaico, a língua de Jesus Cristo, é falado pela população cristã local". "De forma notável, Maaloula foi poupada às atrocidades sofridas noutros locais da Síria - os rebeldes libertaram mesmo várias freiras feitas reféns no âmbito de uma troca de prisioneiros que envolveu 150 mulheres e crianças detidas pelo governo sírio (Frederick Pletgen e Paul Armstrong, CNN, 2016). Ver Maaloula abaixo.

Maaloula situa-se nas montanhas do Anti-Líbano. É um dos poucos sítios do planeta onde o aramaico, a língua de Jesus Cristo, é falado pela população cristã local

Por último, mas não menos importante, a Igreja Ortodoxa Romena, abandonada há mais de 50 anos. "O terreno onde se encontra a igreja fica perto de um dos locais cristãos mais sagrados do mundo - o local onde os cristãos acreditam que Jesus Cristo foi batizado no rio Jordão. Há várias outras igrejas no local, mas ninguém se aproxima delas há décadas porque estão rodeadas por cerca de 5.000 minas terrestres. As cercas de arame farpado mantêm os visitantes afastados, com sinais a avisar "PERIGO MINAS em árabe, inglês e hebraico. "Quando a Guerra dos Seis Dias terminou num cessar-fogo incómodo em 1967, os exércitos israelita e jordano colocaram minas em toda a área. O rio Jordão, neste ponto, tem apenas alguns metros de largura - um ponto de passagem fácil para um exército. Os dois países assinaram um acordo

acordo de paz em 1994, mas as minas nunca foram retiradas". No entanto, tudo isto está prestes a mudar de forma positiva, talvez para sempre. A preceder este acordo esteve o acordo entre Israel e a Jordânia sobre "os locais mais sagrados, conhecidos pelos muçulmanos como al-Haram al-Sharif, ou o Nobre Santuário, e pelos judeus como o Monte do Templo. Ao abrigo do acordo de status quo entre Israel e a Jordânia, apenas os muçulmanos estão autorizados a rezar no local sagrado" (Oren Liebermann, CNN, 2016). Entretanto, "a HALO Trust, a maior organização humanitária de remoção de minas terrestres do mundo, recebeu agora autorização dos israelitas, dos palestinianos e das sete denominações cristãs com igrejas no local para iniciar a remoção das minas (Oren Liebermann, CNN, 2016).

(b) Unidade na cobertura do cabelo e no terço.

Para encontrar uma solução para o conflito ocasional entre estas três religiões - judaísmo, cristianismo e islamismo - o Presidente Obama tem-se identificado com estas três religiões, visitando as suas sinagogas, mesquitas e igrejas, enquanto a sua mulher, Michelle Obama, veste os lenços de cabeça de cada religião, especialmente os do islamismo e do cristianismo, para demonstrar que estas importantes religiões são bem-vindas nos EUA, mas que a Constituição, as leis e a cultura dos EUA devem ser respeitadas. As imagens abaixo mostram o Presidente Obama na Sinagoga, na Igreja e na Mesquita.

Presidente Obama numa sinagoga nos EUA

Obama numa igreja em Belém

Presidente Obama numa mesquita nos EUA

© Michelle Obama com um lenço cristão e um hijab muçulmano

Presidente Barrack Obama e cabelo seu

Presidente Obama e esposa no Qatar. Ela também cobriu o

Michelle (com o cabelo tapado)

Com o Papa.

Um dos lenços de cabeça judaicos

Cobrir o cabelo no Judaísmo e no Islão não tem nada a ver com ser vergonhoso aos olhos de Deus... talvez seja o caso de outras religiões, mas no Judaísmo e no Islão o cabelo é coberto porque é considerado uma parte privada do corpo (tal como outras partes privadas do corpo são cobertas) (Judaísmo Islão, 2014). Para além do lenço na cabeça, as religiões "abraâmicas" - judaísmo, cristianismo e islamismo - estão também unidas pelo uso do rosário.

(c) O uso do rosário

O uso de contas de rosário não é exclusivo dos católicos: os hebreus usavam-no para dar 150 nós num cordel para representar os 150 Salmos... e os muçulmanos também usam cordões de contas para registar orações e mantras. No entanto, "não há nada semelhante ao rosário no judaísmo. Nunca fez parte do judaísmo. Assim, o uso do rosário é comum apenas aos católicos e muçulmanos. Veja abaixo dois exemplos de rosários utilizados por muçulmanos e cristãos.

Por conseguinte, os muçulmanos e os árabes em geral devem evitar a violência: carnificina, mutilação e destruição de propriedades para ajustar contas religiosas. Os muçulmanos não são desprovidos de académicos e intelectuais que possam pensar profundamente e criticar qualquer religião que ridicularize a nossa própria religião ou o nosso Profeta. O Islão é uma religião global de paz e não de violência, uma religião global de limpeza e não de sujidade. Gostaria de citar aqui dois exemplos das consequências do extremismo na religião. O primeiro é a hipocrisia dos líderes políticos muçulmanos na Argélia, que levou quatro mil muçulmanos a abandonarem o Islão devido à anulação das eleições presidenciais de 1992 naquele país? Por outro lado, na parte ocidental da Nigéria, sem seguir o caminho da Argélia, a maioria dos muçulmanos decidiu profanar a autoridade do Sultão, o chefe espiritual dos muçulmanos na Nigéria, por ter apoiado a anulação das primeiras eleições presidenciais livres, ganhas por um compatriota muçulmano e iorubá (Olasupo, 2011:107).

CAPÍTULO 4

AS RELIGIÕES ABRAÂMICAS NAS QUESTÕES LGBT, DA ESCRAVATURA E DA PAZ

(a) LGBT.

As três religiões mais globalizadas da atualidade anseiam pela paz. Porque é que não há-de haver democracia na religião? As democracias e as religiões não têm essencialmente a ver com a paz? Porquê então a carnificina injustificada? As três religiões não são primas e, por isso, são designadas como religiões "abraâmicas", porque todas têm a sua origem em Abraão ou Ibrahim, consoante o caso? Sim, cada uma tem os seus princípios que a orientam e que não devem ser impostos aos outros. Em nome da democracia na religião, os adeptos deveriam poder escolher e abandonar qualquer religião por uma nova, especialmente entre estas três religiões mais importantes. Os líderes mundiais, em especial os Estados Unidos da América e os seus aliados ocidentais, devem ter cuidado ao forçar a entrada de outras religiões na questão dos gays e do lesbianismo. O Papa Francisco exortou os padres a aceitarem melhor os gays, as lésbicas, os católicos divorciados e outros em situação "normal". Segundo ele, "os divorciados que contraíram uma nova união devem sentir-se parte da Igreja"; mas acrescentou uma advertência de que, embora a Igreja Católica deva ser mais tolerante com estes na prática, não deve alterar a doutrina oficial.

Se estas são aceitáveis para o cristianismo, tudo bem; mas não devem ser enfiadas pela goela abaixo de outras duas religiões globais - o Islão e o Judaísmo (Richard Allen Greene, CNN, 2016).

"O Islão, como religião, praticado pelos muçulmanos, baseia-se principalmente em duas coisas. São elas: O que fazer e o que não fazer. Desde que a pessoa saiba isto e pratique o que deve fazer e tente, tanto quanto possível, abster-se do que não deve fazer, deve ter a certeza de que Alá ficará satisfeito com ela. A razão para isto é que, atualmente, no mundo, a comunidade LGBT está a infiltrar-se em todas as sociedades. O que é LGBT? LGBT é um acrónimo para lesbianismo, homossexualidade, bissexualidade e transgénero. Estas quatro coisas são um dos pecados mais odiados pelo Criador dos céus e da terra" (YFT, 2016). Um inquérito realizado recentemente entre muçulmanos na Grã-Bretanha mostrou que (52%) pensam que a homossexualidade não deve ser legalizada e quase metade (47%) pensa que não é apropriado que os homossexuais ensinem nas escolas (Tim Hume e Richard Allen Greene, CNN, 2016).

Por outro lado, "As fontes da posição tradicional do judaísmo sobre a homossexualidade e as questões homossexuais são bem conhecidas. Dois versículos do Levítico (18:23 e 20:13) expressam uma condenação inequívoca do sexo homossexual masculino (embora não seja claro se se trata de relações sexuais ou de todos os actos sexuais entre homens). De acordo com Levítico 20:13: "se um homem se deitar com um homem como se deita com uma mulher, ambos cometeram uma abominação; certamente serão mortos, o seu sangue será sobre eles". Como é evidente pela sua linguagem, a proibição bíblica não se estende aos actos homossexuais femininos, embora os comentadores posteriores tenham desaprovado o lesbianismo. Uma fonte rabínica associa a homossexualidade feminina à atividade dos egípcios e dos cananeus, da qual os judeus se deviam abster. Outras autoridades descrevem o lesbianismo como lascivo ou promíscuo, mas não o consideram uma ofensa capital. O

Os versículos do Levítico também implicam que é o ato sexual homossexual, e não a pessoa homossexual, que é abominado" (GW, 2016). Chaya, que não é o seu nome verdadeiro, é uma mulher judia ultra-ortodoxa que é homossexual. Descreveu a sua luta para aceitar a sua sexualidade e a razão pela qual tem de a manter em segredo daqueles que a obrigariam a escolher entre a sua identidade e a sua família. Segundo ela, "perderia tudo se me assumisse. Somos uma comunidade muito unida e penso que poucas pessoas se apercebem de como estamos isolados. No mundo em que vivo, ser gay é o equivalente a ser uma pessoa má. É visto como um desejo maligno que é completamente antinatural" (BBC News, 2016). As três religiões abraâmicas estão assim unidas pela condenação dos homossexuais, do lesbianismo, dos bissexuais e dos transgéneros, embora os católicos romanos, segundo o Papa Francisco, devam aceitá-los na prática sem alterar a doutrina oficial.

(b) Escravatura

"A escravatura - transformar seres humanos em propriedade utilizada para fins lucrativos - é uma ofensa hedionda que repugna a todas as comunidades religiosas. A Declaração Conjunta dos Líderes Religiosos, que representa católicos, anglicanos, cristãos ortodoxos, muçulmanos, judeus, hindus e budistas", reflectiu recentemente este facto. A Declaração considera a escravatura moderna um crime contra a humanidade. Tal como a comunidade LGBT, as religiões abraâmicas, que são o caso de estudo do presente documento, são estritamente contra a escravatura moderna por diversas razões.

Para o Islão, as vozes muçulmanas têm apelado à abolição da escravatura desde a antiguidade. O Alcorão ensina que todas as pessoas são iguais, como os dentes de um pente. O Profeta Maomé declarou: "Há três categorias de pessoas contra as quais eu próprio serei queixoso no Dia do Juízo Final. Destas três, uma é a que escraviza um homem livre, depois vende-o e come o dinheiro". A Sura 90 do Alcorão afirma que o caminho correto envolve "a libertação dos escravos" (Maurice Middleberg, Especial para a CNN, 2016). Adoptada por 54 países na década de 1980, a Declaração do Cairo sobre os Direitos Humanos no Islão toma uma posição definitiva contra a escravatura, afirmando que "os seres humanos nascem livres e ninguém tem o direito de os escravizar, humilhar, oprimir ou explorar, e não pode haver subjugação senão a Deus, o Altíssimo".

O judaísmo está também profundamente ligado aos temas da escravatura e da liberdade. A Torá dá instruções em Deutronomia 24:18: "Lembra-te que foste escravo no Egito e que o Senhor teu Deus te resgatou de lá. Por isso, ordeno-te que faças [justiça]". A escravatura dos judeus durante os tempos bíblicos - e o seu subsequente êxodo - é uma narrativa central não só para o povo judeu, mas também para outros que encontraram esperança na história bíblica (Maurice Middleberg, Especial para a CNN, 2016).

No caso do cristianismo, o abolicionismo cristão criou raízes no século XVII. Em Inglaterra, anglicanos proeminentes juntaram forças com quakers, baptistas, presbiterianos, metodistas, congregacionalistas e outros grupos religiosos para formar o primeiro movimento anti-escravatura do mundo. Juntos, forjaram um consenso moral para proibir o comércio transatlântico de escravos e, em seguida, proibir a própria escravatura em todo o Império Britânico. Atualmente, os cristãos de todo o mundo consideram a escravatura imoral e injusta. "O tráfico de seres humanos é uma ferida aberta no corpo da sociedade contemporânea", afirma o Papa Francisco. "É um crime contra a humanidade". As epístolas de São Paulo condenavam os traficantes de escravos e apelavam a que fossem tratados como "irmãos" (Maurice Middleberg, Especial para a CNN, 2016).

Assim, o facto de "a Declaração Conjunta de Líderes Religiosos, representando católicos, anglicanos, cristãos ortodoxos, muçulmanos, judeus, hindus e budistas" declarar que a escravatura moderna é um crime contra a humanidade é uma verdadeira plataforma e uma oportunidade que as potências mundiais precisam de aproveitar para organizar um fórum religioso global, especialmente para as religiões abraâmicas, conhecidas por disputas e carnificinas de longa data.

(c) Propostas de paz

Indivíduos, grupos e governos representantes das três religiões abraâmicas têm vindo a fazer subtilmente propostas de paz uns aos outros. Começando pelos indivíduos, Collete Avital, uma judia romena sobrevivente do Holocausto, compadecida com os refugiados sírios, afirmou que, sendo ela própria uma refugiada, "a minha simpatia vai realmente para os refugiados e não quero limitar essa simpatia apenas ao meu povo". A história do povo judeu e os paralelos entre os refugiados judeus de há 70 anos e os refugiados do Médio Oriente de hoje fazem com que o governo israelita tenha de acolher os refugiados sírios. A grande maioria dos sobreviventes do Holocausto tem um profundo sentimento de simpatia por esta vaga de refugiados e espera que a Europa tenha aprendido uma lição", afirmou (Oren Liebermann, 2015). Para outro sobrevivente do Holocausto que vive na Grã-Bretanha, Leslie Baruch Brent, "são apenas pessoas desesperadas e quando temos pessoas assim, temos de as ajudar"; disse ao Jerusalem Post.

Durante grupos, políticos de diferentes partidos, incluindo Isaac Herzog, da União Sionista, e Zehava Galon, do Meretz, apelaram a Israel para acolher refugiados. Mas o Primeiro-Ministro Benjamin Netanyahu rejeitou o apelo, alertando para o facto de que tal ameaçaria a segurança de Israel. Israel partilha uma fronteira tensa com a Síria; dizendo que Israel é um país pequeno, um país muito pequeno, que carece de profundidade demográfica e geográfica; por isso, temos de controlar as nossas fronteiras, tanto contra os migrantes ilegais como contra o terrorismo" (Oren Liebermann, 2015). Por conseguinte, quando os judeus falam do Holocausto, utilizam frequentemente a frase: "Nunca mais". Significa que os judeus nunca permitirão que o Holocausto, ou algo do género, volte a acontecer. Mas, segundo Avital, para que "Nunca mais" tenha significado, tem de se aplicar a toda a gente. Os árabes da Síria, da Líbia e do Iraque não estão a ter o seu próprio holocausto, com as suas mortes em alto mar? E não estão a ser combatidos por nenhuma religião; eles, os árabes, são antes os que se combatem a si próprios por causa de algumas imposições das políticas ocidentais.

Por não poder acolher refugiados sírios como os seus cidadãos queriam, o governo israelita compensou esse facto de uma outra forma de segurança. Recentemente, Israel promoveu um agente da polícia árabe a comissário-adjunto, a mais alta patente obtida por um muçulmano no país. Jamal Hakrush será responsável pela melhoria dos serviços de policiamento nos bairros e cidades árabes de Israel. Será responsável pela criação de esquadras de polícia em novas cidades árabes e pelo reforço das esquadras existentes. O ministro da Segurança Interna, Gilad Erdan, apresentou o oficial com a sua patente, chamando-lhe ocasião histórica e dizendo: "Se formos honestos connosco próprios e refiro-me a todos os governos de Israel ao longo das gerações... não podemos olhar para a sociedade árabe em Israel, com a violência e o crime no seu seio, com a consciência tranquila". Veja a figura abaixo. "Para além das novas e melhoradas esquadras, Israel prometeu contratar centenas de novos polícias árabes". Até hoje, não proporcionámos ao sector árabe capacidades iguais de aplicação da lei", o que vai contra o desejo de um dos pais fundadores do Israel moderno - Albert Einstein. "Em resposta ao crescente antissemitismo alemão", Einstein não só "se tornou um sionista fervoroso, como também manifestou a sua preocupação com os direitos dos árabes em qualquer Estado judaico" (Time, 1999:29). Os árabes israelitas constituem cerca de um quarto da população do país (Michael Schwartz e Ian Lee, 2016).

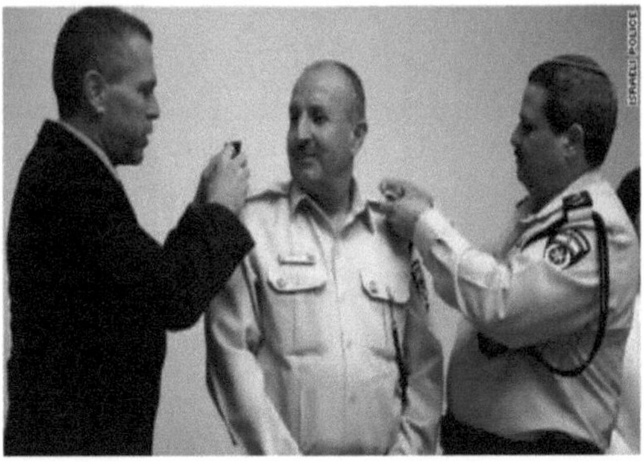

Fonte: CNN. Jamal Hakrush será responsável pela melhoria dos serviços de policiamento nos bairros árabes

Até agora, "Liebermann, uma das figuras mais polarizadoras da política israelita e que lidera o partido Yisrael Beieinu, tinha, em 2001, defendido a troca de territórios povoados em qualquer acordo sobre o estatuto final entre Israel e um futuro Estado palestiniano, trocando colonatos judeus na Cisjordânia por cidades árabes-israelitas dentro de Israel" (Oren Liebermann, CNN, 2016). Hanan Ashrawi, membro do Comité Executivo da OLP, criticou duramente a inclusão do Yisrael Beiteinu no governo, uma vez que está a ser considerado para nomeação pelo Primeiro-Ministro Netanyahu. Segundo ele, "esta decisão é extremamente perigosa - Liberman, que apelou à decapitação de palestinianos e à sua transferência para fora do Estado de Israel, é uma séria ameaça à paz e à estabilidade, e a sua nomeação irá gerar uma cultura de ilegalidade, extremismo, violência e ódio em Israel" (Oren Liebermann, CNN, 2016)

Entretanto, Bernie Sanders, o primeiro candidato judeu a ganhar a nomeação presidencial, tornou-se não só o primeiro judeu, mas também o primeiro americano a pôr tudo em causa, quando afirmou que "Israel, em 2014, utilizou uma força "desproporcionada" para responder aos disparos de rockets do Hamas a partir de Gaza, ao mesmo tempo que apelava aos Estados Unidos para que deixassem de ser "unilaterais" no conflito". Com isto, Sanders "derrubou um princípio de longa data da política americana: que o apoio inabalável a Israel não é negociável". Sanders "quebrou assim um tabu que poderia levar outros a seguir o exemplo" (Jeremy Diamond, CNN, 2016). Mas, com isso, deu apoio à causa árabe.

Que contraste o Iémen oferece hoje! O Iémen, um país árabe, tem uma das comunidades judaicas mais antigas do mundo e é único pela sua contribuição de 2000 anos para o povo judeu. Um dos grupos de judeus do Iémen é o grupo Raydah, que inclui "o rabino da comunidade que possui um pergaminho da Tora que se crê ter entre 500 e 600 anos". "Mas os ataques contra os judeus no Iémen "têm vindo a aumentar acentuadamente desde 2008, quando o professor judeu Moshe Yaish Nahari foi assassinado em Raydah. Em 2012, Aharon Zindani - cujo filho e outros familiares estavam a bordo do voo de domingo para Israel - foi assassinado em Sanaa e uma jovem judia foi raptada, forçada a converter-se ao Islão e casada à força com um muçulmano" (BBC News, 2016). Tanto na capital como em Raydah, controlada pelo movimento Zaidi Shia Houthi, a palavra de ordem tem sido "Deus é grande. Morte à América. Morte a Israel. Uma maldição para os judeus. Vitória do Islão. O conflito entre o governo iemenita e o movimento rebelde Houthi começou há um ano e trouxe a interferência estrangeira para a política do Iémen. Primeiro, a coligação liderada pela Arábia Saudita interveio militarmente, enquanto os militantes jihadistas sunitas da al-Qaeda e do Estado Islâmico (EI) também ganharam terreno aproveitando o caos. Israel, através da Agência Judaica, também interveio para evacuar do Iémen a comunidade judaica que se encontrava cada vez mais em perigo. "A Agência Judaica, responsável pela imigração judaica para Israel, informou que 19 pessoas chegaram ao país nos últimos dias. No entanto, cerca de 50 judeus optaram por ficar no Iémen". "Desde 1948, 51.000 imigraram do Iémen para Israel" através das missões secretas do governo israelita (BBC News, 2016).

CAPÍTULO 5

RESUMO E CONCLUSÃO.

O casamento é uma instituição que forja a unidade, sobretudo quando se trata de um casamento inter-racial. Foi dado o exemplo da raça iorubá, composta por duas raças que têm as suas origens no Egito e em Israel - os iorubás da corrente principal e os Ijebus que têm as suas origens em Israel. É por isso que os iorubás da Nigéria ocidental são conhecidos pelos casamentos inter-religiosos. Por conseguinte, é positivo que judeus e árabes estejam a descobrir a necessidade de se casarem entre si, como uma das formas de promover a harmonia e a unidade religiosas. Este artigo mostra dois exemplos de um judeu e um árabe numa postura romântica e também o de Ali e Zakia no Afeganistão. No entanto, forçar o casamento, como no caso de uma jovem judia que foi raptada, forçada a converter-se ao Islão e casada à força com um muçulmano" em Sanaa, é um ato fora de ordem (BBC News, 2016).

Os árabes e os judeus também devem aprender a coabitar. É o que demonstram o Irão, Israel e o Iémen, até há pouco tempo, quando alguns fanáticos do Iémen começaram a atacar os judeus, o que levou à sua imigração para Israel.

O casamento inter-racial é uma estratégia importante para forjar a unidade não só dentro de uma nação, mas também entre nações. O atual presidente dos Estados Unidos da América é um bom exemplo disso mesmo. A sua mãe era branca enquanto o pai era negro; veja-se a posição eminente em que se encontra hoje, através de um processo democrático - defendendo as raças branca e negra, respetivamente. Se isto pode acontecer a um negro nos EUA, quanto mais a um árabe ou a um judeu? De facto, um judeu, Bernie Sanders, também atravessou o Rubicão ao tornar-se o primeiro candidato judeu a ganhar as primárias. Além disso, Sadiq Khan, um paquistanês, muçulmano praticante e político do Partido Trabalhista, foi eleito presidente da Câmara de Londres numa eleição que foi racial e religiosamente determinada; assinalando um marco político no mundo ocidental. Se um negro, um judeu e um árabe (descendentes de religiões abraâmicas) puderam fazer estes avanços políticos nos EUA e no Reino Unido, onde mais não deveria ser possível? Mas, como diz Angelina Jolie: "Para mim, a América e a Grã-Bretanha foram construídas por pessoas de todo o mundo que se juntaram em prol das liberdades, especialmente da liberdade de religião" (Angela Dewan, 2016).

Independentemente do que as potências mundiais possam fazer, se não existir o desejo de união entre árabes e judeus, pouco se poderá fazer para os unir.

A observação mais interessante, no entanto, é a complexidade religiosa e política do Paquistão. É um país muçulmano que fez e alcançou avanços políticos internacionais, por exemplo, a Prémio Nobel Malala Yousazai e Sadiq Khan, o recém-eleito Presidente da Câmara de Londres. Mas é também um país conhecido por albergar casos criminais de alto nível, por exemplo, Osama bin Laden, a questão dos "crimes de honra" contra adolescentes e jovens raparigas e os bombardeamentos de cidadãos inocentes, especialmente cristãos.

Em conclusão, deve haver democracia dentro e entre as religiões. Os adeptos ou eleitores devem ter a liberdade de mudar de uma religião para outra, se acharem que o seu caminho para Deus, na sua religião atual, já não é o caminho para Deus. Afinal de contas, as três religiões abraâmicas são caminhos diferentes para um único e mesmo Deus. Três exemplos bastam aqui. Primeiro, Jesus Cristo nasceu judeu, mas converteu-se e fundou o cristianismo.

Em segundo lugar, Albert Einstein, "na sua pré-adolescência, teve uma breve e intensa experiência religiosa, chegando ao ponto de repreender a sua família assimilada por comer carne de porco. Mas esse fervor extinguiu-se, substituído, depois de ter começado a explorar textos introdutórios de ciência e o seu pequeno livro "sagrado" de geometria, por uma suspeita vitalícia de toda a autoridade" (TIME, 1999:28).

Em terceiro lugar, quando o grande pugilista Cassius Clay se sentiu desconfortável com o cristianismo, mudou para o Islão e adoptou o nome de Muhammad Ali. Não só escolheu o Islão, como também escolheu a seita que mais agrada à maioria dos muçulmanos entre as muitas seitas islâmicas - o sufismo. "O sufismo é, sem dúvida, a seita mais pacífica de todas as religiões, maiores ou menores. Os sufis acreditam que prejudicar propositadamente qualquer pessoa é prejudicar toda a humanidade, prejudicar cada um de nós e prejudicar o mundo. (Conor Lane, CNN, 2016) Por esta conversão, não deixou de ganhar no boxe nem sofreu ataques por ter mudado do cristianismo para o islamismo.

REFERÊNCIAS

A.J Willingham, CNN, (2016). Citadel nega pedido de hijab a estudante muçulmana; família considera ação judicial.

Angela Dewan (2016). Comentários de muçulmanos. Maio16.

BBC News, (2016). A minha vida secreta como judeu ultraortodoxo gay. 11 de abril.

BBC News, (2016). "Ataques de Paris: Espanha apreende 'fornecedores de armas' de Carlbaly". 13 de abril.

BBC News, (2016). Eleições americanas de 2016: Alto funcionário da ONU condena Trump. 15 de abril.

Secção BBC newsround, (2015). O que está a acontecer na Síria? 3 de dezembro.

BBC News, (2016). Clinton diz que Trump é 'perigoso e mais engraçado'. 11 de dezembro.

BBC News, (2016). Sunitas e xiitas: O antigo cisma do Islão. 4 de janeiro.

BBC, News, (2015). Clinton diz que Trump é 'perigoso e não tem mais graça'. 11 de dezembro.

Ben Brumfield e Greg Botelho, CNN, (2015). Túmulo de José incendiado em meio a onda de violência palestino-israelense. 16 de outubro.

BBC News, (2016). Estudante egípcio enfrenta deportação por comentário de Trump. 3 de março de 2016.

BBC News, (2016). Homem russo em julgamento por comentário 'sem Deus' em chat na internet. 3 de março.

BBC News, (2016). Judeus iemenitas levados para Israel em missão secreta. 21 de março.

Benazir Wehelie, Especial para a CNN, (2016). Praticar o Islão na Cuba católica.

Brajesh Upadhyay, (2016). Conheça os muçulmanos, sikhs e hindus que apoiam Trump. 10 de março.

Carma Hassan e Catherine E. Shoichet, CNN, (2016). Estudante de língua árabe expulso do voo da Southwest. 18 de abril.

Christina Zdanowicz, CNN, (2016). Amor sem fronteiras: Casal casa-se num campo de refugiados. 7 de maio.

CNN, (2016). Judeus e árabes beijam-se em protesto contra a proibição de livros. 8 de janeiro.

CNN, (2016). Obama vai visitar uma mesquita e entrar na guerra sobre o Islão. 02/02/2016.

CNN, 2016. Porque é que a vitória de Sadiq Khan é importante. 6 de maio.

Conor Lane, CNN, (2016). Muhammad Ali: Cinco coisas que nunca soubeste sobre a lenda do boxe. 28 de abril.

Dean Obeidallah, (2016). Será que Trumpt quer dizer o que diz sobre os muçulmanos? 17 de março.

Don Melvin e Jason Hanna, CNN, (2016). A Rússia suspende os ataques aéreos em algumas zonas da Síria à medida que a trégua entra em vigor. 27 de fevereiro.

Donovan Longo, (2016). Bíblia de 1500 anos descoberta na Turquia indica que Jesus Cristo não foi crucificado. 6 de maio de 2014.

e-GUARDIAN, (2016). Notícias diárias da Nigéria. 7 de março.

Ellis e Darius Johnson, CNN, (2016). Família muçulmana pede desculpa depois de ter sido forçada a sair de um voo da United. abril,, 3

Facebook, (2016). Porque é que a maioria dos judeus rejeita Jesus como o Messias?

Fatai A. Olasupo (2015). Judeus negros africanos: Towards Global Religious Harmony, Alemanha: Hadassa Word Press.

Fatai A. Olasupo (2011). Origem dos conflitos civis na sub-região da África Ocidental: The Micro Examples of Nigerian Universities in *GANDHI MARG Vol33 NUMBER 1 APRIL-JUNE 2011*. Revista trimestral da Fundação Gandhi para a Paz, Nova Deli: Surendra Kumar para a Fundação Gandhi para a Paz

Felix Bamishigbin, (1987). "Awo's Political Activities" in Times International, Special Edition: Life and Times of Awo. 25 de maio.

Foreign News, (2016). Cristãos que se opõem à remoção de cruzes são presos na China. Foreign News, (2016). Bíblia antiga afirma que Jesus Cristo é Profeta, não filho de Deus.

Frederick Pletgen e Paul Armstrong, CNN, (2016). Medo e vida na Síria: Antiga comunidade cristã reconstrói-se. 15 de maio.

Gregory Krieg, CNN, (2016). Bernie Sanders é o primeiro candidato judeu a vencer as primárias. Será que ele se importa? 10 de fevereiro de 2016.

GW, (2016). A homossexualidade no pensamento judaico.

Idowu Akinlotan, (2015). PALLOIUM. A crise dos refugiados migrantes na Europa: Re-enacting Mefecane". Página anterior.

Jeremy Diamond e Eugene Scott, CNN, (2016). Trump termina o dia selvagem na campanha pedindo a prisão dos manifestantes. 13 de março.

Jeremy Diamond, CNN, (2016). Bernie Sanders esmaga o status quo de Israel. 16 de abril.

Jide Osuntokun, (2016). Alhaji Hamzat Ahamadu Walin Sokoto, Adieu. P 17.

John Harney, (2016). Quais são as diferenças entre o Islão sunita e o Islão xiita?

Judaísmo Islão, (2014). Descobrir as semelhanças entre o Judaísmo e o Islão: Quiz no Facebook: Consegues distinguir a religião dela pela cobertura da cabeça? 2 de março.

Jurgen Renn, (2005). "Einstein na América" em *Albert Einstein: Chief Engineer of the Universe*. Berlin: WILEY-VCH Veriag GmbH &C0. KGaA Wheinheim e Max Plank Institute for the History of Science.

Kevin Litak, Produtor da CNN na Casa Branca, (2016). Primeira visita a uma mesquita nos EUA. 4 de fevereiro.

Kevin Liptak, Produtor da CNN para a Casa Branca, (2016). Primeira visita a uma mesquita nos EUA. 4 de fevereiro.

Kodilinye et al, (1988). "Quem tem medo de Soyinka?" in Times International: Soyinka: A Harvest of controversy.

Repórter, (2016). A "criança bruxa" nigeriana abandonada tem uma recuperação surpreendente.

Mathew Chance, CNN (2016). Estará Putin a fazer o Ocidente de parvo na Síria?

Mathew Chance CNN (2016) Estará Putin a fazer o Ocidente de parvo na Síria? 12 de fevereiro.

Maurice Middleberg, Especial para a CNN, 2016. Porque é que todas as religiões se podem unir para acabar com a escravatura moderna. 22 de abril.

Mick Krever, CNN, (2016). Romeu e Julieta do Afeganistão, desafiando a religião e a cultura por amor. 3 de fevereiro.

Michael Schwartz e Ian Lee, (2016). Israel promove oficial árabe, a mais alta patente para muçulmanos no país. 14 de abril.

Mick Krever, CNN, (2016). Romeu e Julieta do Afeganistão, desafiando a religião e a cultura por amor. 3 de fevereiro.

Nikkei Asian Review, (2016). O Papa tem um encontro histórico com o líder ortodoxo russo. 13 de fevereiro.

Oren Liebermann, CNN, (2016). Israel devolve antigas capas de sarcófagos ao Egito. 22 de maio.

Oren Liebermann,CNN, (2016). O ministro da defesa israelita demite-se num abalo político. 20 de maio.

Oren Liebermann, CNN, (2016). "Décadas depois da guerra, as igrejas perto do local do batismo de Jesus serão limpas de minas, 16 de maio.

Oren Liebermann, CNN, (2016). Duas famílias muçulmanas encarregadas de cuidar de um sítio sagrado cristão durante séculos. 27 de março.

Oren Liebermann, (2015). Ajudar os refugiados. 10 de setembro.

Oren Liebermann, (2015). Israel reabre a embaixada no Egito. 9 de setembro.

Oseheye Okwuofu, (2016) "Ooni seeks support for women monarchs" in The Nation newspaper. 26 de maio.

Owen Bennett-Jones, (2016). Milícias cristãs lutam contra o EI. 11 de abril.

Premium Times, (2013). Who are the Yoruba People? (Parte 3), por Femi Fani-kayode.

Rabino Shraga Simmons, (2016). Por que os judeus não acreditam em Jesus.

Ralph Ellis e Carma Hassan, CNN, (2016). Passageiro declara-se culpado de ter arrancado o hijab da cabeça de uma mulher muçulmana. 14 de maio.

Recep Tayyip Erdogan, 2016. Presidente turco Erdogan: a solidariedade é fundamental para derrotar o terrorismo. 14 de abril.

Richard Allen Greene, CNN, (2016). Papa para a igreja: Aceitem melhor os gays, as lésbicas e os católicos divorciados. 8 de abril.

Richard Greene e Joshua Berlinger, CNN, (2016). O Papa Francisco vai ter um encontro histórico com o chefe da Igreja Ortodoxa Russa.

Ryan Browne, CNN, (2016). ISIS.

Schams Ewazer, CNN, (2016). Ministro da Justiça do Egito demitido após comentário do Profeta Maomé. 14 de março.

Sophia Safi e Faith Karimi, (2016). Os homens paquistaneses podem bater nas esposas "levemente", diz o conselho islâmico. 28 de maio.

Sophia Saifi, CNN, (2016). No Paquistão, o ataque dos talibãs a Eater visa os cristãos; 67 pessoas foram mortas. 28 de março.

Sophia Saifi, Zahir Shah e Chandrika Narayan, CNN, (2016). A morte brutal de uma rapariga paquistanesa: "Não é um crime de honra, é apenas um simples assassínio". 6 de maio.

Tal Kopan, CNN, (2016). Rabinos, líderes judeus planeiam boicote a Donald Trump na AIPAC. 18 de março.

Tatalo Alamu, (2015). "História como hubris" em The Nation on Sunday. 20 de setembro.

Theodore Schleifer, CNN, (2016). Donald Trump: 'Acho que o Islão odeia os EUA. 10 de março de 2016.

Tim Hume, CNN, 2016. Londres elege Sadiq Khan, o primeiro presidente da câmara muçulmano, depois de uma campanha feia.

Time Hume, 2016. Donald Trumps "ignorante" sobre o Islão. 10 de maio.

TIME, (1999) PESSOA DO SÉCULO. 31 de dezembro.

Tim Hume e Richard Allen Greene, CNN, (2016). 52% dos muçulmanos britânicos inquiridos pensam que a homossexualidade deveria ser ilegal. 12 de abril.

Tom LoBianco, CNN, (2016). Sanders deixa a porta aberta para ser o vice-presidente de Clinton. 6 de maio.

Vaticano, (2015). Vaticano muito preocupado com a Bíblia de 1500 anos que foi encontrada na Turquia. 20 de dezembro.

YFT, (2016). O Islão diz que a comunidade LGBT é errada.

MIX
Papier aus verantwortungsvollen Quellen
Paper from responsible sources
FSC® C105338

Printed by Books on Demand GmbH, Norderstedt / Germany